Richard Banasch

Die Niederlassungen der Minoriten

Richard Banasch

Die Niederlassungen der Minoriten

ISBN/EAN: 9783744708487

Hergestellt in Europa, USA, Kanada, Australien, Japan

Cover: Foto ©Lupo / pixelio.de

Weitere Bücher finden Sie auf **www.hansebooks.com**

Die Niederlassungen der Minoriten zwischen Weser und Elbe im dreizehnten Jahrhundert.

Inaugural-Dissertation

zur

Erlangung der philosophischen Doctorwürde

mit Genehmigung der hohen

philosophischen Facultät der Universität Erlangen

veröffentlicht

von

Richard Banasch.

———— ⤙⤙✳⤚⤚ ————

Breslau.
Wilhelm Koebner.
1891.

Seinem hochverehrten Lehrer
Herrn Professor Dr. Max Lenz zu Berlin

seinem geliebten Vater

gewidmet

vom Verfasser.

Die philosophische Fakultät der Universität Heidelberg hat seiner Zeit dem Bedürfnis nach einer Kenntnis der Franziskaneranfänge in den Rheinlanden Ausdruck gegeben, indem sie jene Frage zum Gegenstande einer Preisaufgabe machte. So entstand die Adolf Koch'sche Schrift: „Die frühesten Niederlassungen der Minoriten im Rheingebiete etc."[1]).

Die Franziskaneranfänge in Bayern hatte Koch bereits früher zum Gegenstande einer tüchtigen Arbeit gemacht[2]).

Über die süd- und westdeutschen Franziskaneransiedlungen sind wir also orientirt, über die östlich der Weser liegenden Teile fehlt uns jedoch jede genauere Kenntnis. Wir wollen im Folgenden versuchen, die Gründungen der Franziskaner zwischen Weser und Elbe zusammenzustellen, soweit sie ins 13. Jahrhundert fallen, das uns zugängliche Material zusammenzutragen und zu prüfen. Auf Vollständigkeit macht die Arbeit keinen Anspruch; derartige Untersuchungen werden vollständig nur vom Lokalforscher gegeben werden können. Die Hoffnung jedoch hat sie, dass sie für eine grössere Geschichte der Ordensanfänge in jenem Gebiete als vorbereitende Grundlage von einigem Nutzen sein wird.

Über das Jahr des ersten Erscheinens der Minoriten in Deutschland gehen die Ansichten auseinander. Gonzaga[3])

---

[1]) V. d. phil. Fakultät d. Univers. Heidelberg preisgekrönte Abhandlg. Leipzig 1881.

[2]) Adolf Koch, Die frühesten Niederlassungen der Minoriten im rechtsrheinischen Bayern. Inaug.-Dissert. Heidelberg 1880.

[3]) De origine seraphicae religionis Franciscanae eiusque progressibus, Venetiis 1603, pag. 762.

setzt die erste Mission ins Jahr 1217, Lucas Wadding noch ein Jahr weiter zurück[1]).

Ihnen folgt wieder eine Anzahl weltlicher Chroniken, in denen sich das Bestreben geltend macht, den Beginn der Gründungen möglichst nahe an das Jahr der Ordensstiftung heranzurücken.

Greiderer[2]) wendete sich gegen Wadding und Gonzaga: man möge lieber an dem von den Zeitgenossen des Franciscus angegebenen Jahre 1219 als dem ersten Aussendungsjahre nach Deutschland festhalten. Greiderers Ansicht erhielt durch die Publikation der einzigen zeitgenössischen Originalquelle, der Denkwürdigkeiten des Minoriten Jordanus von Giano — die Georg Voigt publicirt hat —, eine sichere Bestätigung.

Zwei Jahre nach dieser, schon im Beginne vollständig scheiternden, Mission geschah die zweite Aussendung der Brüder nach Deutschland, die daselbst festen Fuss fasste. An diesem zweiten Zuge nahm jener Jordanus persönlich teil, und er schildert, teilweise als Augenzeuge, in objectiver Weise die Vorgänge der Pflanzung und ersten Ausbreitung des Franziskanerordens in Deutschland[3]). Auf dem Mattenkapitel zu

---

[1]) Lucas Wadding, Annales Minorum, Ed. II. Romae 1731. Tom. I, p. 247.

[2]) Vigilius Greiderer, Germania Franciscana, Oeniponte 1777, Tom. I, p. 11.

[3]) Die Denkwürdigkeiten (1207—1238) des Minoriten Jordanus von Giano, herausgegeben von Georg Voigt. Im V. Bande der Abhandlungen der phil. hist. Klasse d. kgl. sächs. Gesellsch. d. Wiss. Nr. VI. Leipzig 1870. — Auch abgedruckt in den Analecta Franciscana, ed. a patr. colleg. S. Bonaventurae, Quaracchi, I. Band. 1885. Leider reicht die Erzählung nur bis zum Jahre 1238. Georg Voigt, der das grosse Verdienst hat, durch die Edition des Jordanus und die damit verbundenen Untersuchungen der Forschung franziskanischer Geschichte in Deutschland ein neues Feld erschlossen zu haben, glaubte anfangs, dass Jordans Erzählung auch ursprünglich nicht weiter gereicht habe, als die ihm vorliegende Abschrift der Handschrift angab, die auch ein deutliches Schlusszeichen erkennen liess. Später jedoch räumte er ein (in Sybels histor. Zeitschr. XXXI, 181), dass Johannes de

Assisi (Pfingsten 1221) wurde der zweite Missionszug beschlossen. Die Leitung der Mission erhielt ein Deutscher, Bruder Caesarius von Speyer, welcher von den 90 Brüdern, die sich freiwillig angeboten hatten, 25 zur Reisebegleitung

---

Komorowo (herausg. v. Zeissberg) einen weiter reichenden Jordanus benutzt habe (Archiv f. österr. Gesch. XLIX. 319). Diese Annahme wird durch eine Bemerkung des auf Jordanus zurückgehenden Chronisten Nicolaus Glasberger bekräftigt, der zum Jahre 1240 schreibt: „Jordanns autem dicit, quod . . . ." Auf diese und eine ähnliche Stelle weist auch der Herausgeber des ersten Teils der Glasbergerschen Chronik, Carl Evers, hin: Analecta ad fratrum minorum historiam. Teil I: Fr. Nicolai Glasbergeri Narratio de origine et propagatione Ordinis, Lipsiae 1882, S. 57, Anm. —. Diese Chronik Glasbergers — vollständig zum ersten Male in den „Analecta Franciscana" zu Quaracchi herausgegeben, im II. Bande. 1887 — enthält für die nach 1238 liegende Zeit manche willkommene Notiz.

Wadding hat in seinem umfangreichen Sammelwerke (XIX. Tomi!) eine gewaltige Menge Stoff zusammengetragen. Auch verschiedene zeitgenössische Quellen, die als selbstständige Schriften verschollen sind, finden sich darin, allerdings oft in überarbeiteter Form. Doch muss man bei dem Gebrauche Waddingscher Nachrichten äusserst vorsichtig sein, denn kein franziskanischer Schriftsteller hat durch seine kritiklosen Combinationen die Ordensquellen so sehr in Verwirrung gebracht wie Wadding.

Gonzaga hat nur wenig unsere Nachrichten vermehrt, da er gerade die von uns zu behandelnden Länder sehr flüchtig durchläuft.

Vereinzelte gute Notizen weist Greiderer auf; in ihm finden sich Ansätze zu kritischer Würdigung der Dinge.

Im Allgemeinen aber endet in den genannten Werken da, wo Jordanus aufhört ihr Gewährsmann zu sein, die Lebhaftigkeit und Zuverlässigkeit der Nachrichten. Wir sind daher auf die weltlichen Historien angewiesen, welche jedoch, da ihre Aufgabe eine andere, allgemeinere, ist, die Vorgänge der Ordensmission nur obenhin berühren können, und denen es auf einige unbewiesene und unbeweisbare Mitteilungen nicht ankommt. Es ist daher gut, dass wir in den Urkunden des Ordens, etwa von der Mitte des Jahrhunderts an, vortreffliche Anhaltspunkte finden. Hier sind die Notizen, wie es die Natur der Sache mit sich bringt, völlig zusammenhanglos und sprunghaft, übertreffen aber die meisten anderen Nachrichten an Zuverlässigkeit.

Sosehr wir jedoch das Bestreben haben, möglichst viele sichere Resultate zu gewinnen, so werden wir dennoch nicht anstehen, da, wo die Quellen völlig dunkel und unergründ-

1*

wählte, von denen 12 Kleriker, 13 Laienbrüder waren. In Abteilungen zu drei und vier Mann brachen sie nach Norden auf, zogen über Trient, Bozen, Brixen, Sterzing, Matrey nach Augsburg, wo am Tage des heiligen Gallus (16. Oktober) ein Kapitel abgehalten wurde. Von hier aus entsendete Caesarius seine Genossen, deren Zahl inzwischen zugenommen hatte, nach verschiedenen Richtungen Deutschlands. Eine Abteilung wandte sich nach Würzburg, von da nach Mainz, Worms, Speyer, Köln und Strassburg. Drei Brüder bogen nach Salzburg ab, drei andere suchten Regensburg auf[1]).

Die neuen Ansiedlungen hatten, namentlich am Rheine, sofort einen derartig grossen Erfolg, dass schon nach zwei Jahren die feste Organisation des Missionsgebietes in Angriff genommen werden musste. Im Jahre 1222 waren die Städte Mainz, Worms, Speyer und Köln schon zu einer Custodie vereinigt worden. Im nächsten Jahre aber wurde auf dem Provinzialkapitel zu Speyer das Missionsgebiet in einzelne Bezirke geteilt, deren jeder einem Custos untergestellt wurde: Franken, Baiern, Elsass und — Sachsen[2]). Wie fröhlich man der Zukunft entgegensah, beweist wohl am besten die Ernennung des vierten Custos „ohne Land". Denn Johannes de Plano Carpinis — so hiess der Mann — sollte noch mit der Mission in Sachsen beginnen und erst mit einer erfolgreichen Thätigkeit ein Anrecht auf seinen officiellen Titel Custos von Sachsen erwerben.

Und die Hoffnung, die man auf Sachsen setzte, erfüllte sich glänzend, denn bald gehörte die „sächsische Provinz" zu den bedeutendsten des Ordens, indem sie ganz Nord- und Mitteldeutschland, eine Zeit lang auch Polen umfasste.

lich fliessen, ein offenes non liquet auszusprechen, indem wir es vorziehen unser Nichtkönnen einzugestehen, als durch übermässige Combinationsspielereien den Anschein zu erwecken, als stünde etwas fest, was thatsächlich auf schwachen Füssen ruht.
[1]) Jordan bei Voigt a. a. O. cap. 19—24.
[2]) Jord. c. 30, 33.

Zur Untersuchung desjenigen Teiles der späteren sächsischen Provinz, der sich geographisch am nächsten an die im Jahre 1223 bereits umgrenzten oder im weiteren Wachsen begriffenen Custodien anschloss, der Länder zwischen Weser und Elbe, wollen wir nunmehr übergehen. Doch werden wir die Gründungen nicht immer nach ihrer geographischen Lage aufsuchen, sondern, soweit dies festzustellen möglich sein wird, nach der Zeit ihres Beginnes.

Es ist schon vorher gesagt worden, dass weltliche und Ordenschroniken das Bestreben haben, die Ansiedlungen der Brüder in Deutschland soweit als möglich zurückzudatiren. So wird die Ankunft der Brüder in

Hildesheim

in eine sehr frühe Zeit verlegt. Eine Quelle, nach der Lüntzel berichtet[1]), sagt, dass ein Minoritenbruder Conrad von Offida, genannt „pater sancte", in Begleitung eines Bruders im Jahre 1217 von Franciscus nach Sachsen gesandt und von der Landgräfin Elisabet von Hessen nach Hildesheim berufen worden sei. Er hatte sich — heisst es weiter — neben der Nicolaikapelle bei dem Godehardikloster, dann in der Dammstadt niedergelassen, und endlich 1240 die Kirche St. Martini und das Kloster an derjenigen Stelle gegründet, welche die Kirche und das Waisenhaus jetzt einnehmen.

Georg Voigt hat jedoch nachgewiesen, dass Conrad von Offida und Conrad „pater sancte" zwei verschiedene Persönlichkeiten sind[2]).

---

[1]) H. A. Lüntzel, Geschichte der Diöcese und Stadt Hildesheim, das. 1858, Teil II. S. 527.

[2]) Georg Voigt, a. a. O. S. 509, 510. Sein Nachweis ist kurz der: Bartholomaeus Pisanus kennt beide Conrade. Er schreibt (Lib. I, fruct. 8, fol. 52), dass der beatus frater Conradus de Offida im Convente zu Perugia begraben ist. Von dem Beinamen „pater sancte" erwähnt er nichts. An anderer Stelle (Lib. 1, fruct. 11, fol. 107) wiederholt er nochmals die obige Angabe über sein Grab in Perugia. Über den frater Con-

Auch die Angabe des Jahres ist unrichtig. Geschah doch die erste Mission nach Deutschland, die noch dazu vollständig verunglückte, erst im Jahre 1219, und dass die Brüder damals bis Hildesheim, das doch ziemlich nördlich liegt, vorgedrungen seien, ist nicht anzunehmen, zumal es von Jordanus nirgends erwähnt wird.

Gänzlich verfehlt ist die Nachricht, die den heiligen Franz in eigener Person im Jahre 1222 in Hildesheim ein General-kapitel abhalten lässt[1]). Wie nämlich notorisch feststeht, kam Franciscus niemals nach Deutschland; ferner fanden bis auf weite Jahre hinaus die Generalkapitel des Ordens in Assisi statt. Derjenige jedoch, dem wir in diesem Punkte Glauben schenken müssen, ist Jordanus von Giano. Bei ihm, dem Zeitgenossen, fehlt jede Übertreibung; er, der selbst klar ge-sehen hat, will auch die Andern klar sehen lassen, und wenn es sein muss, die Fehler und Schwächen des Ordens zeigen. Er erzählt[2]), dass der im Jahre 1223 auf dem Ordenskapitel zu Speyer neu ernannte Custos von Sachsen, Johannes de Plano Carpinis, mehrere Brüder nach Hildesheim geschickt habe. Dort seien sie von dem Domherrn Heinrich von Tosseyen gut aufgenommen worden[3]). Auch der Bischof der Stadt Hildes-

---

radus mit dem Beinamen „pater sancte" schreibt er (Lib. I, fruct. 8, fol. 69): „In Hildesheim jacet frater Conradus cognomine Pater Sancte propter vitam et miracula praeclara" und an anderer Stelle (Lib. I, fruct. 11, fol. 113): „Heldensis (locus) in quo jacet frater Conradus cognomine Pater sancte".

Voigt führt die von Lüntzel verzeichneten Nachrichten auf die höchst verworrenen und mit Wundergeschichten reichlich versehenen Über-lieferungen einer Hildesheimer Kirchen- und Reformations-historie (Braunschweig 1735, 6. Teil) und ein Büchlein des Vicars Joh. Gülicher (Hildesheim 1633) zurück.

[1]) Im Chron. Bremense schreibt Wolter bei Meibom, Rer. Germ. Tom. II, pag. 58: Tribus annis ante hoc tempus (scil. das Jahr 1225) habuit S. Franciscus Concilium ordinis sui cum fratribus in Hilden-sem et ibi personaliter fuit.

[2]) a. a. O. cap. 35.

[3]) Im Urk.-Buch der Stadt Hildesheim (ed. Döbner, H. 1881) findet sich in der That ein Domherr Heinrich von Tosseym für die Jahre

heim, Conrad, zeigte sich — erzählt Jordanus weiter — ihnen günstig. Er liess den Custos der Minoritenbrüder vor dem Volke predigen, empfahl ihn selbst am Schluss der Predigt und gab ihm die Erlaubnis, auch fernerhin vor dem Volke zu predigen und Beichte zu hören. Die Brüder müssen binnen kurzer Zeit eine grosse Beliebtheit bei den Hildesheimern erworben haben, denn Jordanus erzählt, dass sich Viele ihnen angeschlossen haben (wenn nicht gar der Ausdruck „se ordini reddiderunt" einen vollständigen Eintritt in die Franciscus-bruderschaft bedeutet). So wird ein Graf Bernhard von Poppenburg, „maioris ecclesiae canonicus", genannt[1]), ferner ein „magister und vir litteratus" namens Albertus u. a. — Trotz des schönen Anfanges jedoch folgte ein Umschlag ins Gegenteil: einige Brüder traten aus dem Verbande aus, und die Liebe des Volkes erkaltete. Erst nach einiger Zeit fand sie sich wieder[2]).

Das mag der Grund sein, weshalb erst fast zwei Decennien später in Hildesheim ein Convent errichtet werden konnte. In den vierziger Jahren schenkte nämlich der Bischof Conrad II den Minoriten den Bauplatz zu einer Kirche, Werkhäuser und Hofraum, sowie einen früher zum bischöflichen Marstall dienenden Raum[3]). Genau lässt sich die Fertig-

---

1218—1225. — Die Herren von Tosseym waren überhaupt eifrige Kleriker und Kirchenfreunde; eine ganze Reihe ihres Geschlechtes nahmen hohe Stellungen in der Kirche ein. S. Personenregister ebd. unter „Tossem".

[1]) Bei Wadding heisst er Burchhard; bei Gonzaga Berardus, welcher Name wohl gleichbedeutend mit Bernhardus ist. — Im Hildesheimer U.-B. erscheint ein Graf Bernhard von Poppenburg für das Jahr 1230 Dieser Graf wendet einen Eigenbehörigen dem Michaeliskloster zu; von seinem Eintritt in den Minoritenorden ist dort jedoch keine Rede. — Das Geschlecht derer von Poppenburg hat übrigens eine ähnliche kirchenfreundliche Stellung in Hildesheim eingenommen wie die Tosseyms. S. das Personenregister des Hild. U.-B. unter „Poppenburg"!

[2]) a. a. O. c. 35 fin.

[3]) H. U.-B. S. 98. . . . felici fratrum minorum in Hildensem congregationi locum, in quo constructa est ecclesia, domus officine et quidquid intra septa curie, quam inhabitabant, continetur, insuper et locum

stellung des Conventes nicht nachweisen. Die Grenzen sind gegeben durch den Kirchenbau (1240) und das Ende des Conradschen Episcopats (1246)[1]).

Man darf übrigens nicht glauben, dass Bischof Conrad nur für die Minoriten thätig war, auch die Orden der Prädicantenbrüder, der büssenden Maria-Magdalenen-Schwestern und anderer Religiosen förderte er[2]). — Für das gute Einvernehmen zwischen den Minoriten und der Geistlichkeit legen noch zwei Urkunden Zeugnis ab.

Im Jahre 1253 unterzeichnete Bischof Heinrich II in dem Hildesheimer Franziskanerkloster eine Urkunde. Der Ausdruck „monasterium dilectorum in domino fratrum minorum" kennzeichnet die Stellung des Bischofs den Brüdern gegenüber[3]). Etwa im Jahre 1260 erhielten sie vom Domscholaster Hartmann eine Schenkung[4]). Im Jahre 1239 wurde zu Hildesheim ein Provinzialkapitel vom Provinzialminister Sachsens, Marquardus, abgehalten[5]).

Wurde schon bei Hildesheim von den Chroniken über das Jahr der Minoritenniederlassung gefabelt, so war das in fast noch höherem Grade der Fall bei

prope aquam, in quo solebant pridem equi episcopalis familie stabulari, de consensu et beneplacito capituli nostri propter deum contulimus . . .

[1]) cf. auch Lüntzel, Gesch. d. Diöc. u. Stadt H. B. I, S. 536.

[2]) cf. Voigt a. a. O. So heisst es von ihm im Chron. Hildesh., Mon. Germ. Script. Tom. VII, pag. 860: Tempore enim suo recepti sunt fratres praedicatores et minores et sorores Mariae Magdalenae penitentes, quibus in ecclesiis et officinis — vielleicht das oben genannte domus officine — edificandis liberaliter subvenit et fundus eorum fere sumptibus propriis comparavit — — et religiosis quibuslibet aliis multa commoda praebuit et impendit providus nichilominus ac in conventionalibus et personalibus ecclesiis aliquod vicium emergeret, ex quo minueretur decor ecclesiasticae dignitatis.

[3]) H. U.-B. S. 117.

[4]) H. U.-B. S. 139: fratribus minoribus culcitram et cussinum . . . . fratribus minoribus mensale. Was den Abbruch des Thores vor dem Minoritenkloster anbetrifft, den Bischof Siegfried II im Jahre 1289 in einer Urkunde erwähnt (H. U.-B. S. 214), so konnte ich mir nicht die ausreichende Lokalkenntnis verschaffen.

[5]) So Glasberger bei Evers, Lipsiae 1882, p. 59.

Goslar.

Die glaubhaften Quellen fliessen recht schwach. Jordanus giebt die einfache Notiz, dass schon im Jahre 1223 Franziskaner nach Goslar gekommen seien[1]). Er giebt aber ebensowenig nähere Umstände an wie die auf ihn zurückgehenden Glasberger, Wadding und Greiderer. Letzterer zählt Goslar unter den Städten auf, die vor dem Jahre 1231 einen Minoritenconvent gehabt hätten. Dafür finden wir bei Heineccius (s. unten!) eine Bestätigung[2]). Heineccius verzeichnet folgende Notizen über die Gründung des Klosters. Kaiser Otto IV sei im Jahre 1209 auf seinem Musterungszuge durch Deutschland nach Goslar gekommen und habe sich die verfeindeten Bürger zu grossem Danke verpflichtet. Namentlich habe er ewigen Ruhm bei den Goslarern erworben durch Gründung des Franziskanerklosters[3]). Heineccius tadelt die Ansicht des Chronisten Lezner, dass nicht der König oder Kaiser Otto, sondern der Herzog Otto von Braunschweig der Gründer des Klosters gewesen sei. Der Leznerschen Ansicht schliesst sich — und insofern es überhaupt auf diesen Punkt ankommt, sicher mit Recht — auch Lüntzel an[4]).

Hierauf ist zu bemerken, dass das Kloster im Jahre 1209 noch nicht gegründet worden sein kann. Denn erst 1219 er-

---

[1]) a. a. O. c. 36.

[2]) Heineccius, Script. rer. Germ. Francof a. M. 1707, S. 208.

[3]) G. F. E. Crusius, Geschichte der vormals Kaiserlichen freien Reichsstadt Goslar am Harze, Osterode 1842, glaubt das Alles, und thut einige Seitenhiebe gegen Mund, topographisch-statistische Beschreibung Goslars, dem die Gründung des Goslarer Klosters durch den Kaiser Otto IV Bedenken macht.

Bünting part. I chron. Brunsv. pag. 186 bei Heineccius, a. a. O. S. 208 und Rehtmeier (nach Bünting), Braunschweig-Lüneburgische Chronik I, S. 443 erzählen noch verschiedene Einzelheiten über die Gründung durch den Kaiser Otto.

[4]) Lüntzel a. a. O. II. S. 243. — Lüntzel verlegt die Klostergründung, ohne für seine Ansicht die Quelle anzugeben, in das erste Drittel des 13. Jahrhunderts.

folgte die erste, noch dazu in ihren Anfängen gänzlich verunglückte, Aussendung der Brüder nach Deutschland. Sie
kann also frühestens in den ersten Jahren nach der zweiten
Aussendung erfolgt sein. Hieraus ergiebt sich weiter, dass
nicht der Kaiser Otto IV der Gründer sein kann. Denn dieser
starb schon 1218.

Die Gründung fällt vielmehr in die zwanziger Jahre, wie
Jordanus angiebt, und hierfür bringt auch Heineccius eine
bestätigende Nachricht[1]). Er notirt nämlich für das Jahr 1226
einen Minoritenguardian in Goslar, Johannes Flagrinis. An
anderer Stelle nennt Heineccius[2]) einen Minoriten Flagrinus
mit dem Vornamen Leonardus, der sich durch ungeheure Ge-
lehrsamkeit ausgezeichnet, und der das Kloster mit einer vorzüglichen Bibliothek beschenkt haben soll. Die seltene Erwähnung der Minoriten in Annalen und Urkunden begründet
Heineccius damit, dass die Brüder „stipe victitantes, in coë-
mendis vendendisque bonis non multum chartae insumere necesse haberent"[3]).

Eine Urkunde führt übrigens Heineccius an[4]). Sie wurde
ausgefertigt am 23. September 1240 und besagt, dass die Minoritenbrüder in Goslar den sechsten Teil einer Mühle erworben haben. Aus dem Siegel der noch vorhandenen Urkunde
gehe hervor, dass das Kloster dem heiligen Laurentius geweiht gewesen sei.

Im Jahre 1248 — bemerkt Lüntzel[5]) (wieder ohne
Quellenangabe) — war auch eine Kirche der Goslarer Minoriten vorhanden, die der Maria und den Heiligen Franciscus
und Bernward geweiht war.

---

[1]) Heineccius, a. a. O., S. 209.
[2]) S. 239.
[3]) Heineccius, Antq. Gosl. S. 208. (Als ob die Minoriten in
Hildesheim, Erfurt etc. nicht auch Bettelmönche gewesen wären, sie die
eine Menge Urkunden aufzuweisen haben).
[4]) Heineccius, Antq. Gosl. S. 255.
[5]) Lüntzel, a. a. O. II, S. 255. Cf. obige Anmkg.

Soviel aber scheint gewiss, dass die Franziskanergründung in Goslar eine der ersten in Norddeutschland gewesen ist. Auch nach

Braunschweig

wollen die heimatlichen Chronisten, ebenso wie nach Goslar, die Minoriten schon im ersten, resp. zweiten Decennium des 13. Jahrhunderts kommen lassen. So berichtet Botho, dass Kaiser Otto IV im Jahre 1209 die ersten Franziskanermönche nach Braunschweig gebracht habe[1]).

Der Chronist Lezner erzählt, schon etwas massvoller, in seiner ungedruckten Braunschweig-Lüneburgischen Chronik, Otto IV habe 1215 die älteste Franziskanerkirche in Braunschweig erbaut und 1216 an Mönche übergeben, welche er aus Frankreich habe kommen lassen[2]). Dazu meint Dürre, dass diese Nachrichten nicht unglaubwürdig sind, aber der weiteren Bestätigung bedürfen[3]). Und zu diesem milden Urteile kommt Dürre fünf Jahre nach dem Erscheinen des Jordanus!

Die Bothosche Notiz ist natürlich ebenso zu verwerfen wie die ähnliche bei Goslar; was aber die Leznersche anbetrifft, die gleichfalls verfehlt erscheinen muss, da sie nicht die mindesten Beweise bringt und ein analoges Herbeiziehen französischer Mönche nach Deutschland auch sonst nicht ge-

---

[1]) Botho, bei Leibnitz, Script. Rer. Brunsv., Hann. 1711. III, 357: dat sy dar negest (nach der Stiftung!) kamen hyr to lande in Sassen, rat halp Keyser Otto vort setten, ovente de brachte de ersten Barvoten to Brunswick.

[2]) Lezner, Brunsw.-Lüneb. Chron. III, cap. 23. — Bei Rehtmeier, Kirchenhistorie, Supplem. 49, Braunschweig 1715: „Herzog Otto, welcher hernach Römischer Keyser worden, A. D. 1215 Indictione 3 dasselbe albier gestifftet und gebauet, und im folgenden 1216 Jahre die ersten Barfüsser Mönche von Thelassa aus Frankreich ins Land gebracht und dies Kloster besetzet.

[3]) H. Dürre, Gesch. der Stadt Braunschweig im Mittelalter, Wolfenbüttel 1875, S. 91.

meldet wird, — so meldet sie etwas nicht Unmögliches. Denn allerdings haben die Franziskaner in Frankreich eher als in Deutschland festen Fuss gefasst.

Gehen wir nun zu den beglaubigteren Nachrichten, denn die vorhergehende wird sich nicht erklären lassen. Jordanus nennt unter den fünf ersten Städten, in welche im Jahre 1223 Minoriten geschickt wurden, auch Braunschweig[1]). Diesmal findet er jedoch keine Bestätigung seitens anderer Chronisten. Erst gegen die Mitte des Jahrhunderts werden die Mönche durch vorzügliche Nachrichten bestätigt[2]). Ein noch im Jahre 1780 vorhandener Grabstein der alten Ordenskirche trug die Jahreszahl 1248, woraus sich das Bestehen der Kirche in diesem Jahre, wenn nicht früher, — denn die Jahreszahl 1248 kann vielleicht am Schlusse einer Grabschrift für einen verschiedenen Ordensbruder oder Gönner gestanden haben — schliessen lässt[3]). Dass aber die Franziskaner in dieser Zeit zum städtischen Klerus gehörten, beweist die Urkunde des Herzogs Otto des Kindes, die er im Jahre 1249 in Braunschweig aushändigte[4]).

Eine interessante Erzählung findet sich zum Jahre 1279 (im Degedingsbuch der Altstadt, fol. I), die eine gewisse Selbstständigkeit der Minoriten und ein Pochen auf ihr Recht beweist[5]). In diesem Jahre nämlich war zwischen dem Herzog

---

[1]) a. a. O. cap. 36.

[2]) Rehtmeier, Kirchenhistorie I. S. 185 giebt an, wieso fast gar keine das Kloster betreffende Urkunden veröffentlicht sind: „Es sind aber die Mönche grössten Theils davon gezogen und haben die besten Brieffschaften, Reliquien und was sie kriegen können mitgenommen, dass man also nichts erhebliches davon beibringen kann".

[3]) Schiller, mittelalt. Architektur Braunschweigs, S. 151.

[4]) C. L. Scheidius, Orig. Guelf. IV, 210: „die Marci coram fratribus minoribus et omnibus aliis clericis dictae villae (scil. Braunschweigs)".

[5]) Abgedruckt in der Chronik der Stadt Braunschweig, 6, I in den Chron. der deutsch. Städte, Leipzig 1868, S. 7. Herausgeg. v. L. Hänselmann. Nr. I: „Machinatio fratrum minorum" 1279. Cf. Dürre, a. a. O., S. 109.

Albrecht von Braunschweig und seinem Bruder, dem Bischof
Otto von Hildesheim, eine grosse Feindschaft entstanden, die
zur Folge hatte, dass der Bischof seinen Bruder, den Herzog,
excommunicirte und die Einstellung des Gottesdienstes innerhalb Braunschweigs verlangte. Dagegen erhob sich nun der
gauze Klerus der Stadt, u. a. die Minoriten, alle geführt von
dem Abt von Riddagshausen, dem Behüter der Privilegien,
die Braunschweigs Herzog und seine Stadt vom päpstlichen
Stuhle bekommen hatten, und erklärten, angesichts dieser
Privilegien sich an das bischöfliche Verbot nicht kehren, sondern weiter den Gottesdienst abhalten zu wollen. Besonders
energisch sprachen sich die Minoriten aus: sie seien keines
Bischofs Befehlen unterthan. Jetzt aber drehte der Abt von
Riddagshausen den Spiess um und excommunicirte den Bischof,
welcher im Übrigen bald darauf starb (am 4. Juli). Nicht
viel später (am 16. August) starb der Herzog Albrecht. An
seinem Begräbnisse nahm der gesamte Klerus, also auch die
Minoriten, teil. Plötzlich — nach drei Tagen — stellten sie
den Gottesdienst ein, weil es ihnen ihr Ordensminister so ge-
boten hätte. Das Missfallen der Herzogin, ihres Sohnes und
der Braunschweiger Bürger störte sie nicht im mindesten,
auch nicht die Androhung päpstlicher Strafen: sie blieben
hartnäckig bei ihrer Weigerung und Zurückgezogenheit. Von
nun an aber — so schliesst der Bericht — wolle man in der
Stadt auf ein ähnliches Benehmen der Minoriten aufpassen[1].

Das Kloster der Braunschweiger Minoriten besass schon
früh eine Kirche. Schiller kennt eine urkundliche Notiz aus
dem Jahre 1249[2]. Dieselbe zeigt, dass zum Kloster auch eine
Kirche gehörte, „welche 1375 im Gegensatze zu dem jetzigen
neueren Gebäude „die alte Kirche" heisst und an. der Nord-
westseite jenes hart an der Strasse „hinter den Brüdern" lag."

---

[1] Haec auteus instituta sunt in registro nostro, ut nostra posteritas
promior sit ad dictorum fratrum destructionem vel saltem amotionem, si
iterum adversus eam fuerint aliquid talium machinantes.

[2] Schiller, Die mittelalt. Architektur Braunschweigs,
S. 153. — Cf. Dürre, S. 523.

Fertig ausgebaut war also der Convent in Braunschweig sicher um das Jahr 1250. Trotzdem jedoch zwischen der Jahresangabe des ersten Erscheinens, wie wir sie bei Jordanus finden, und dem mutmasslichen Endjahre der Fertigstellung des Conventes etwa 25 Jahre liegen, haben wir keinen Grund, an Jordanus Angabe zu zweifeln und verlegen die Ankunft der Brüder in die zwanziger Jahre.

Am 24. Februar 1257 beauftragte der Papst Alexander IV den Minoritenguardian von Braunschweig mit einer Mission an den Herzog von Braunschweig, die halbpolitischen Charakter hatte[1]).

Die Berichte über die Ankunft der Minoriten in

Magdeburg

differiren um ein bis zwei Jahre. Jordanus lässt sie im Jahre 1223 nach Magdeburg kommen[2]). Die andern Chroniken nennen das Jahr 1225 als Ankunftsjahr. So auch die Magdeburger Schöppenchronik, die auch lokale Bestimmungen giebt[3]). Wadding kennt Jordanus' Nachricht, bringt aber noch eine Notiz, die er aus alten Magdeburger Chroniken haben will: Die Brüder hatten fünf Jahre in einem Hause in der Neustadt gewohnt und dann an der Langseite der Altstadt sich dauernd niedergelassen[4]). Die Berichte der

---

[1]) Potthast, Regg. Pontt. II. 16747. „Guardiano de fratrum Minorum de Brunswik mandat, monet ducem de Brunswik, ut Tucconem dictum de Dacia iurisdictioni ducali subiectum iuxta requisitionem (Jacobi) archiepiscopi Lundensis ad satisfactionem Nicolao episcopo Slesviciensi praestandam compellat".

[2]) a. a. O. cap. 36.

[3]) Magdeburger Schöppenchronik, herausg. von Janicke, Leipzig 1869, S. 146: „Do quemen ok de barvoten hir des jares 1225. de seten vif jar buten de borch . dar na quemen se in de stad, dar se noch siten".

[4]) Wadding, Ann. Min. Tom. II, S. 119: Monent Chronica vetusta MS. Magdeburgensia hoc in loco novae Civitatis Fratres per quinquiennum permansisse et postea translatos ad locum stabilem prope latam plateam veteris Civitatis".

Schöppenchronik und Waddings, die im Wesentlichen dasselbe sagen, stammen aus dem Chronicon Magdeburgense bei Meibom, welches besagt, dass die Minoriten zur Zeit des Erzbischofs Albrecht[1]) in Magdeburg „ad aedificandum“ aufgenommen worden sind. Sie hätten — im Jahre 1225 — zuerst in der Neustadt jenseits des Stadtgrabens ein Haus gewonnen und dort fünf Jahr gewohnt. Nach dieser Zeit seien sie nach der Altstadt übergesiedelt in ihr späteres Kloster am breiten Wege[2]). Jordanus schreibt nun, dass die Minoriten im Jahre 1225 einen kranken Bruder nach ihrem Hospiz in der Altstadt „iuxta Sanctum Petrum“ schaffen liessen, „adhuc enim fratres in nova civitate praeter ecclesiam edificia non habebant“[3]).

Diese Bemerkung Jordanus braucht aber mit der der Magdeburgischen Chronik nicht in ausschliesslichem Gegensatz zu stehen. Denn dort heisst es „ad aedificandum recepti sunt,“ nicht allein „recepti sunt.“ Wenn wir nun annehmen, dass die Brüder, wie es auch in andern Städten geschah, eine Zeit lang — vielleicht schon seit 1223 — bei jemandem zu Gaste gewohnt haben, bis sie im Jahre 1225 in der Neustadt die Erlaubnis zum Bau eines Hauses bekamen, das sie die fünf nächsten Jahre bewohnten — so lässt sich eine Uebereinstimmung oder wenigstens kein Widerspruch in den Berichten constatiren.

Das „Chronicon Montis Sereni,“ das im Übrigen nichts

---

[1]) Magdeburgense Chronicon bei Meibom, Rer. Germ. Tom. II: Sub huius Archiepiscopi tempore . . . . gemeint sein kann nur der Erzbischof Albrecht, der im Jahre 1209 sein Amt angetreten hatte.

[2]) fratres minores recepti sunt in Magdeburg ad aedificandum, et potiti sunt primo in nova civitate super fossatum veteris civitatis quod fuit Anno Domini 1225 et ibi sederunt quinque annis et postea translati sunt ad latam plateam veteris civitatis, ubi adhuc resident. Auch die Geschichte der Stadt Magdeburg von Hoffmann (F. W. Hoffmann, Gesch. d. Stadt Magdeburg, neu bearbeitet von G. Härtel und Fr. Hülsse, Magdbg. 1885, Bd. I, S. 99) hat bei ihrer Schilderung von der Ankunft der Minoriten die Meibomsche Chronik benützt.

[3]) a. a. O. cap. 48.

weiter über die Minoriten weiss, setzt die Ankunft derselben in Magdeburg ins Jahr 1224[1]). Dass Magdeburg eine der allerersten Niederlassungen gewesen ist, und dass es ausgezeichnete Erfolge, bald in den ersten Anfängen, aufzuweisen hatte, erfahren wir durch verschiedene Vorgänge. Schon im Jahre 1225 legte Jacobus, der Custos der Brüder von Sachsen, in Magdeburg den Grundstein zu einer Minoritenkirche, die er noch in demselben Jahre vom Erzbischof Albrecht von Magdeburg am 14. September (am Kreuzerhöhungstage) weihen liess[2]). — Dieser Erfolg war ein sehr grosser, da Magdeburg die erste Stadt der Provinz war, die sicher in diesem Jahre schon eine Franziskanerkirche erhielt. Aber der Erzbischof liess es nicht bei der Einweihung bewenden, sonder schenkte nach derselben „in freigebiger Weise" — wie Jordanus hinzufügt — den Brüdern den Altarschmuck. Schon einige Tage später mussten sie ihren Custos, der in der Kirche beim Lesen der Messe erkrankte, in das Hospiz nach der Altstadt schaffen, wo er am 20. starb.

Nach seinem Tode wendeten sich die Brüder an den Bischof von Hildesheim um Rat wegen der Beerdigung des Verstorbenen. Denn, wie Jordanus bemerkt, hatten sie keinen Begräbnisplatz[3]). Der Bischof — der nämlich zur Feier des Morizfestes sich in Magdeburg befand — kam und leitete die Bestattung: Jacobus fand in der von ihm selbst, gegründeten

---

[1]) Chron. Montis Sereni bei Meucken, Script. Rer. Germ. Tom. II schreibt, in diesem Jahre (scil. 1224) hätten sich „in diesen Landen zwei Sorten von Ordensleuten eingenistelt, sonderlich zu Magdeburg", nämlich die Prediger- und Barfüssermönche.

[2]) Jord. cap. 48.

[3]) Jord. cap. 48: locum sepulturae et usum sepeliendi non habentes. Es existirt eine Verordnung des Papstes vom Jahre 1227 an den Franziskaner-Minister Johannes Parens „ut in iis locis, in quibus degitis, ad opus fratrum vestrorum dumtaxat habeatis liberam sepulturam". (Sbaralea, Bullarium Franciscanum I, 31, n. 8. — Hierzu meint Karl Müller (Die Anfänge des Minoritenordens und der Bussbruderschaften, Freiburg i./B. 1885, S. 97), dass die deutsche Provinz mit der Einrichtung von eigenen Begräbnisplätzen nicht mehr lange gezögert haben wird.

Kirche — in nova civitate — sein Grab. Im Jahre 1238 aber wurden seine Gebeine und die des Bruders Symon Anglicus ausgegraben und bei den Brüdern in der Altstadt beigesetzt.

Der genannte Symon Anglicus war ein bedeutender Theologe mit grosser scholastischer Bildung. Er war früher Custos in der Normandie gewesen, dann Minister der sächsischen Provinz geworden. Jetzt (im Jahre 1228) vertauschte er seinen hohen Posten mit dem eines Lectors von Magdeburg, wofür ihn der Minister ausersehen hatte. Das Magdeburger Lectorat ist das erste in der sächsischen Provinz. Später folgten auch andere Städte nach, wie Hildesheim, Mühlhausen. Mit dem Magdeburger Lectorat „beginnt dann die Einrichtung des gelehrten theologischen Unterrichts auch in der deutschen Provinz"[1]). Es ist dies auch ein Beweis für die Blüte der Magdeburger Ansiedlung. Diese Einrichtung hatte aber nicht nur den praktischen Wert, auf die Ausdehnung der Ordenslehren zu wirken, sondern auch den Zweck, die ganze Provinz zu ehren[2]).

Aus alledem sehen wir, dass der Magdeburger Franziskanerconvent eine hohe Bedeutung hatte, dass er sogar öfter gewissermassen als Vorort für die ganze sächsische Provinz angesehen wurde. Dies beweist auch die Urkunde vom Jahre 1260, in welcher der Papst Alexander IV den Brüdern des Minoritenklosters der Provinz Magdeburg aufträgt, die Kreuzpredigt für Preussen, Livland und Curland eifrigst zu betreiben, und in welcher er ihnen einen zwanzigtägigen Ablass als Belohnung gewährt[3]).

Über die Ankunft der Minoriten in

Halberstadt

sind wir nur kurz unterrichtet. Sie ist sehr früh erfolgt,

---

[1]) K. Müller, a. a. O S. 98.
[2]) Jord. cap. 54. „Saxoniam honorare volens".
[3]) Gedruckt bei Voigt, Cod. dipl. Pruss., Königsberg 1836, I. Bd. pag. 127, 128. Potthast, Regg. Pontt. II, pag. 1455, No. 17895.

Jordanus setzt sie ins Jahr 1223[1]). Niemann[2]) bringt nichts über die Franziskaner, ebensowenig Abel über unsere Epoche[3]). Woker[4]) setzt zwar mit seinen Hauptuntersuchungen erst in der Zeit nach der lutherischen Reformation ein, aber er bringt, nachdem er — wohl Jordanus folgend, den er aber nicht nennt, — das Jahr 1223 als das Ankunftsjahr angegeben hat, für die späteren Decennien einige wertvolle Notizen.

So hätten die Minoriten vom Grafen Reinstein im Jahre 1246 dessen Curie mit Garten erhalten, während sie bis dahin ein kleines Haus bei der sogenannten „Commisse" bewohnt hätten. Auch hier sehen wir also, wie bei Magdeburg, dass die Minoriten sich, bevor sie ein eigenes Haus bezogen, vorübergehend anderswo aufgehalten haben.

Weiteres erfahren wir aus einer Grabschrift, die 1821 abgeschrieben wurde, und deren Copie, wie Woker angiebt — dessen Notizen ich die Kenntnis von ihrem Vorhandensein verdanke —, sich auf einem losen Blatte in der Büchersammlung des Staatsarchivs zu Magdeburg befindet[5]). Wenn auch die Halberstädter Niederlassung erst durch die im Jahr 1246 erfolgte Schenkung eine ansehnlichere Grundlage und durch die grosse Schenkung vom Jahre 1289 ihre Krönung erhielt, so dürfen wir dennoch annehmen, dass sie schon im ersten Drittel

---

[1]) a. a. O. cap. 36.

[2]) N, Gesch. Halberstadts.

[3]) Abel, Chronik des Stiftes Halberstadt.

[4]) Fr. W. Woker, Geschichte d. Norddeutschen Franziskaner-Mission der Sächsischen Ordensprovinz vom hl. Kreuz. Freiburg i./B. 1880, S. 74.

[5]) Die Grabschrift lautet: „Illustrissimus D. Henricus junior Comes de Reinstein — (der Sohn des obengenannten! —) ex linea Heimburgensi, cuius aniversarium una cum illustrissimorum parentum eius et ex eadem familia defunctorum memoria postridie Andreae Ap. ecclesiae huius patroni omnia solemnitate celebratur, insignem hunc conventum et ecclesiam ex lapide quadro sub titulo S. Andreae Ap. hoc in loco residentiae suae vulgo „die kleine Blankenburg" dictae anno 1289 pro fratribus ordinis minorum S. Francisci fundavit. Et anno 1314 mortuus in medio chori huius ecclesiae in habitu ordinis magnifice est sepultus . . ."

des Jahrhunderts bestand. Greiderer rechnet Halberstadt unter die Städte, die vor 1231 Ordensconvente besassen[1]). Wadding schreibt[2]), dass ein hervorragender weltlicher Geistlicher, der Kanoniker und Presbyter Otto Teutonicus, sich sehr früh in den dortigen Minoritenorden habe aufnehmen lassen, der auch später im Halberstädter Convent begraben wurde. Der Umstand, dass ein so bedeutender weltlicher Kleriker ein Bettelmönch wurde, ist ein Beweis für die Achtung, die der Orden bei der Geistlichkeit — in diesem Falle namentlich die Halberstädter Ansiedlung — einnahm, ist auch im Übrigen ein Beweis für das Sympathisiren der Weltgeistlichkeit mit der Mönchsgeistlichkeit.

Im Jahre 1240 war ein Halberstädter Minorit namens Heinrich in Stade zugegen, als das dortige Benedictinerkloster reformirt werden sollte[3]).

In Halberstadt fand im Jahre 1262 jenes berühmte Ordenskapitel statt, das für die ganze Geschichtsschreibung der sächsischen Ordensprovinz epochemachend werden sollte. Denn hier diktirte Jordanus von Giano seine Aufzeichnungen dem Bruder Balduin[4]).

Über das spätere Ergehen des Halberstädter Convents bringen uns eine Reihe von Urkunden gute Nachrichten. Wir erfahren da von Erwerbungen des Klosters, von dem Ansehen, das es genoss, sowie auch von öfteren Streitigkeiten, die es zu bestehen hatte.

So beauftragte am 4. Februar 1279 der Papst Nicolaus III. den Minoritenguardian von Halberstadt, mit zwei andern Geist-

---

[1]) Greid., Germ. Franc., Oeniponte, 1777, I, S. 21.

[2]) W., Ann. Min., Tom. II, S. 371, zum Jahre 1234.

[3]) Wadding, Ann. Min., Tom. III, S. 34.

[4]) „Anno ergo domini —' so heisst es im Prolog des Jord. bei Voigt, S. 96 — millesimo ducentesimo sexagesimo secundo post — — — capitulum Halberstadense celebratur (sic) in loco capituli remanentes me narrante et fratre Balduino scribente utcunque desiderio satisfacere."

lichen zusammen die Entscheidung über den verwaisten Magdeburger Bischofssitz zu treffen[1]).

Im Jahre 1284, am 21. December, machte der Bischof
Volrad von Halberstadt, der den Halberstädter Minoriten auch
sonst günstig war, den Brüdern indirekt eine Schenkung, in-
dem er dem Hospital S. Spiritus zu Halberstadt ein Stück
Word zuwies, das dann seinerseits dafür ein Stück Grund und
Boden an das Franziskanerkloster abtrat[2]).

Derselbe Bischof schenkte am 13. August 1289 zusammen
mit dem Domkapitel dem Barfüsserkloster das Eigentum einer
Word, welche die Frau des Truchsess besessen hatte, gegen
die Verpflichtung der Brüder, die Todestage der Mitglieder
des Kapitels wie die ihrer Brüder zu begehen — ein Beweis,
wie hoch die Geistlichkeit die Thätigkeit und Wirksamkeit
des Ordens schätzte[3]).

Auch eine Streitigkeit legte der Bischof Volrad bei, die
zwischen den Barfüsser- (und Prediger-) Mönchen und einem
Pfarrer Heinrich betreffs Ausübung von Kirchenfunktionen
spielte[4]). Die Mönche zeigten keine Lust, sich den Befehlen
dieses Pfarrers unterzuordnen, der ihnen die Abnahme der
Beichte erschwerte und sie als seine Untergebenen behandeln
wollte. Der Zwist wurde dadurch beigelegt, dass Bischof
Volrad den Pfarrer zu einer öffentlichen Erklärung anhielt,
in welcher er berente, dass er die Mönche vom Beichtehören
abgehalten habe. Künftig werde er von ihnen nicht wie von
seinen Untergebenen verlangen, ihn vorher um Erlaubnis zu
fragen.

Doch diese Streitigkeiten waren nicht die einzigen, wie

---

[1]) Potthast, Regg. Pontt. II, No. 21532.

[2]) Im VII. Bande der Geschichtsquellen der Provinz Sachsen. Urkundenbuch der Stadt Halberstadt, bearbeitet v. Gustav Schmidt,
Halle 1878, S 153, No. 190.

[3]) Schmidt, Halb. U.-B. S. 182, No. 231: „quod sepedicti fratres,
cum dominus aliquem nostrum ad se vocaverit, diem obitus nostri tamquam
fratrum suorum vigiliis peragent et in missa."

[4]) Schmidt, Halb. U.-B. S. 161, No. 203. d. 1. Mai 1287.

wir aus weiteren Urkunden sehen. Darum publicirte der Bischof Volrad die Synodalbeschlüsse über die Berechtigung der Prediger- und Barfüssermönche zum Predigen und Beichtehören[1]). Nachdem er von päpstlichen Privilegien gesprochen, fährt er fort: hätten sie diese päpstlichen Privilegien auch nicht, so würde er dennoch auf seine eigene Autorität hin sie die obigen Pflichten ausüben lassen.

Am 11. Juli 1288 erliess Bischof Volrad eine zweite Publikation, in welcher er eine Bestimmung der Oscherslebener Synode über das Beichten der beiden Orden erläuterte[2]). Er erinnerte darin auch an einen der Synodalbeschlüsse zu Lyon im Jahre 1274, in welchem nicht nur Priester das Volk zur Beichte und zum reinen Leben sollten ermahnen können, sondern auch „viri litterati habentes auctoritatem delegatam summi videlicet pontificis aut ordinariorum judicum clericorum."

Noch eine Urkunde ist vorhanden, die den Halberstädter Convent angeht. Sie findet sich in dem Staats- und Hausarchiv zu Zerbst[3]).

Der Urkunde fehlt das Jahr der Datirung; doch wird sie, wie der Herausgeber des Urkundenbuches bemerkt, durch ihre Schrift in den Ausgang des 13. Jahrhunderts verwiesen. Sie zeigt, dass der Einfluss der Halberstädter Minoriten sich über den Bann der Stadt hinaus geltend machte. Der Minderbruder Johann nahm nämlich die Dechanten Christine zu Frose und eine ihrer Mitschwestern in die Gemeinschaft der guten Werke des Ordens auf[4]). So sehen wir allenthalben die grosse

---

[1]) Schmidt, Halb. U.-B. S. 169, No. 212, d. 24. Mai 1288 . . . . publice protestamur, quod predicti fratres plurimorum Romanorum pontificum auctoritate possunt et debent predicta officia libere exercere, sicut in ipsorum privilegiis non causcllatis nec abolitis, sed veris bullis bullatis, de verbo ad verbum andivimus, continetur.

[2]) Schmidt, Halb. U.-B. S. 171, No. 251, d. 11. Juli 1288.

[3]) Abgedruckt ist sie im Codex diplomaticus Anhaltinus, herausgegeben von O. v. Heinemann, Dessau 1875, Teil II, S. 476, No. 674, d. 5. Mai.

[4]) „. . . communionem in omnibus et fraternitatem vobis tam in vita quam in morte concedens, videlicet orationem, missarum . . . quecunque

Bedeutung und Thätigkeit des Halberstädter Minoritenconventes.

Um einige Jahre schwanken in den verschiedenen Chroniken die Jahrangaben über die Ankunft der Minoriten in

Erfurt.

Die lokale Geschichtsschreibung, das Chronicon Sampetrinum, verlegt ihre Ankunft ins Jahr 1223[1]). Diese Angabe wiederholen sie, indem sie sagen, dass die Brüder nach dem neunjährigen Aufenthalte vor den Mauern Erfurts, im Jahre 1232 sich im Innern der Stadt angesiedelt hätten[2]). Auch Wadding verzeichnet die Notiz einer Compilatio chronologica für das Jahr 1223 von dem Einzuge der Brüder in Erfurt[3]), die, wie Georg Voigt bemerkt, sich auf die Erfurter Annalen zurückführen lassen wird.

Aber wenn irgendwo, so müssen wir hier unserem Jordanus Glauben schenken, der diesmal Leiter des Missionszuges wurde, und dessen Bericht uns darum doppelt wertvoll ist. — Er erzählt, dass er am 27. Oktober 1224 mit seinen Genossen von Mainz aufgebrochen sei, um nach Thüringen zu ziehen und am Martinstage (11. Nov.) nach Erfurt gekom-

---

sunt bona ordinis nostri. Et si qua vestrum de presenti miseria fuerit vocata, sicut fit per ordinem pro fratribus nostris defunctis, ita pro nobis fiet."

[1]) Chron. Sampetr. in den Erfurter Denkmälern. — Geschichtsquellen der Provinz Sachsen, herausgeg. v. den geschichtlichen Vereinen der Prov. Sachsen, Halle 1870, I. Band, S. 189: Hoc anno in festo sancti Martini minores fratres Erphordiam primo venerunt.

[2]) Chron. Sampetr.: Hoc etiam anno minores fratres infra muros Erphordenses coenobium edificare ceperunt, dum extra muros ibidem per IX annos resedissent (zu 1232). Dass in der deutschen Bearbeitung der Sampetr. Chronik, aus dem Wolfenbüttler Codex entnommen, „eylf jar" fehlerhaft ist, hat der Herausgeber der Chronik bereits in der Anmerkung gesagt; es wird IX statt XI dagestanden haben, cf. Voigt a. a. O.

[3]) Wadding, Ann. Min., Tom. II, S. 105.

men sei[1]). „Und da es Winter und die Zeit zum Bauen unge-
eignet war, wurden die Brüder auf den Rat der Bürger und
einiger Kleriker in dem Hause des Leprosenpriesters ausserhalb der Mauern untergebracht." Im Jahre 1225 — berichtet
er weiter — erhielten sie auf den Rat des Domherrn Heinrich
von St. Bartholomäus und des Vitztums Gunther[2]) und anderer
Erfurter Bürger die damals leerstehende Kirche St. Spiritus,
in welcher früher die Augustinerinnen gewohnt hatten, und
blieben dort sechs Jahre. Bis dahin sind auch die Klöster
im Orden unbekannt gewesen[3]); denn als die Brüder gefragt
wurden, ob sie ein Haus nach Art eines Klosters gebaut haben
wollten, sagte Jordanus, so etwas kenne er überhaupt nicht.
Auf seinen Wunsch gab man ihnen ein Haus nahe am Wasser,
damit sie bequem zum Fusswaschen kommen könnten. In die
Stadt wären die Brüder im Jahre 1231 gezogen[4]).

Die Erfurter Lokalgeschichtsschreibung erzählt
von dem ins Jahr 1232 fallenden Beginn des Klosterbaues
innerhalb Erfurts nach einem neunjährigen Verweilen der

---

[1]) Jord. cap. 39. Der Grund für die Ausbreitung des Ordens nach
Thüringen lag für den Ordensminister Deutschlands, Albert von Pisa, in
dem glücklichen Verlauf der Mission in Sachsen und in der durch die Er-
werbung Thüringens in Aussicht stehenden Verbindung Sachsens mit dem
Rhein. Jord. c. 30. Eubel (Gesch. d. oberdeutsch. Minoriten-
provinz, Würzburg 1886, S. 9) übersetzt falsch: „Als er hierauf seinen
Weg über Thüringen an den Rhein nahm . . ." Es steht transi-
turus da! d. h. um den Weg später einmal nehmen zu können.

[2]) Es gelang mir nicht, eine Bestätigung dieser Namen in den Erfurter Geschichtsquellen zu finden.

[3]) cf. Müller, a. a. O. S. 96.

[4]) Jord. cap. 46. Aus dieser Bemerkung des Jordanus geht hervor,
dass die heilige Geistkirche, in der die Minoriten sechs Jahre gewohnt
hatten, ausserhalb der Mauern gelegen haben muss. Sie lag nicht weit
ab vom Kramphentor (Crempehentor), wie wir aus einer Notiz Waddings
(s. u.) und aus dem Chron. Sampetr. S. 189 ersehen. Es ist daselbst die
Rede von einem Brande, bei dem die Klöster der Augustiner und Weissfrauen etc. „extra postam praedictam" (scil. Cramphintore) zerstört
wurden.

Minoriten vor der Stadt[1]). Nehmen wir nun an, dass die Brüder in demselben Jahre 1232 das Haus bezogen, in welchem der Bau stattfand, so differiren diese Nachrichten des Chronicon Sampetrinum mit den Angaben unseres Jordanus betreffs der endgiltigen Festsetzung nur um ein Jahr[2]).

Wadding bringt eine Mitteilung[3]), die er aus dem „Chronicon Saxonicum" für das Jahr 1225 schöpft. Diese Nachricht mischt Wahres mit Falschem; die Thatsachen selbst scheinen richtig zu sein. Teils stimmen sie mit anderen glaubhaften überein, teils bringen sie Ergänzungen; aber die Zeit, in der er sie geschehen lässt, muss falsch sein. Er schreibt: „sed aliae ad me ex Germania missae notulae ex vetustis chronicis mss. excerptae dicunt, nonnisi hoc anno (1225) receptos fratres in loco extra muros iuxta portam, quae dicitur Crempehentor, et ibi moratos usque ad tertium annum, translati sunt ad commodum locum sibi a vicedominis de Apoldia donatum iuxta fluvium Geram." Diese Notiz verrät eine zu grosse Lokalkenntnis, wie die Worte Crempehentor, Apoldia, Gera beweisen, um nicht aus Thüringen, vielleicht gar aus Erfurt selbst zu stammen. Wadding pflegt ja gute Nachrichten mit schlechten zu kombiniren, und es nähme nicht Wunder, wenn er diese Notiz aus dem Chronicon Sampetrinum und einigen andern Nachrichten angefertigt hätte. Andererseits wäre es auch möglich, dass er sie aus dem Werke eines verschollenen Lokalchronisten ausgeschrieben hat[4]). Vielleicht hat Greiderer[5])

---

[1]) Chron. Sampetr. S. 189: Dez selbin jarez quamen die barfuzen in die stat, wann sie „eylf" jar (s. oben!) vor der stat bi Kramphentore gewohnet.

[2]) cf. Voigt, a. a. O. S. 505. Eine ganz verschobene, aber jedenfalls auf das Chron. Sampetr. zurückgehende Notiz findet sich Adam Ursini Chronicon Thuringicum, bei Mencken, Scriptt. rer. Germ. III, pag. 1282. Danach kamen im Jahre 1223 die Barfüsser zum ersten Male in die Stadt, „denn Sie vorhvn vor der Stadt ynn dem Brule woneten ynn eynem armen Closterleyn".

[3]) Wadd. Ann. Min. T. II, S. 119.

[4]) Im Mühlhausener Urkundenbuch (herausgeg. v. Herquet, S 52) findet sich für das Jahr 1257 in der That ein Vitztum von Apoldia.

[5]) a. a. O. S. 17.

dieselbe lokale Quelle wie Wadding benutzt, da — so kurz
übrigens, dass man nur daraus vermuten, nicht feststellen kann
— er schreibt, die Brüder seien 1225 oder „wie einige sagen"
1229 in die Stadt Erfurt hineingezogen.

Nach dem Bericht des Legendarium des Dominikaner-
klosters zu Eisenach[1]) kamen die Minoriten im Jahre 1223
nach Erfurt und bezogen eine Wohnung „in suburbiis civitatis
circa leprosos prope capellam spiritus sancti." Nach elf
Jahren — heisst es weiter — bezogen sie den Bau in der
Stadt, den sie später bewohnten. Sie hatten ihn von dem Prior
der Predigerbrüder, Elger, resp. durch dessen Bemühungen
erhalten, der ihnen überhaupt grosse Wohlthaten erwies.
Denn wie sich der Abfasser dieses Legendariums ausdrückt,
„erant tunc pauperes et valde caritatui (?) et humiles, vientes (?)
diversorum colorum petiis confectis pauperis indumentis . . ."
Elger von Hohnstein, der Prior, besuchte die Minoriten oft,
predigte ihnen und liess sie auf den Kapiteln predigen[2]).

Diese Erzählung ist aber nicht sowohl wegen ihrer chronologischen Notizen oder wegen ihrer lokalen Nachrichten wichtig,
als vielmehr wegen der Beurteilung des ganzen Wesens und
Behabens der Brüder wertvoll. Namentlich sind die Berichte
mit Freude zu begrüssen, weil sie aus dem Munde eines con-
currirenden Ordensbruders kommen, denn wenn das Mitglied
einer Genossenschaft eine andere, ihr parallele, in der Weise
lobt, wie es hier geschieht, dann muss das Lob gerecht-
fertigt sein.

Ihr Verhalten in Erfurt war auch sonst von grossem, ehren-
vollem Erfolge gekrönt. So soll nach Wadding im Jahre 1234 der

---

[1]) L. d. D. zu Eisenach, mitgeteilt von A. L. J. Michelsen in
der Zeitschrift des Vereins für thüringische Geschichte und
Altertumskunde, Jena 1861. S. 370.

Dieses Legendarium ist ein ziemlich wertvoller Beitrag für die Minoritenniederlassung in Erfurt. Vieles ist allerdings darin übertrieben, doch
so, dass es sich leicht auf thatsäcnliche Dinge zurückführen lässt.

[2]) „in cimiterio eorum, prout tunc voluntas eorum et necessitas re-
quirebat, quia laici pro maiori parte fuerunt."

Bischof Rudolf in den Orden getreten sein[1]). Zwei Provinzialkapitel sah Erfurt im 13. Jahrhundert in seinen Mauern:
das eine leitete der Provinzialminister Marquardus, im Jahre
1239, das andere tagte im Jahre 1263 unter Leitung des
Provinzialministers Bartholomäus[2]).

Somit hatte der Erfurter Convent eine exponirte Stellung,
die sein Ansehen vermehren musste. Wir können auch öfters
noch Erfolge der Brüder wahrnehmen. So assistirte im Jahre
1253 bei der Weihe der neuerbauten Marienkirche dem Bischof
Dietrich von Naumburg u. a. ein Minorit[3]).

Im Jahre 1259 starb in Erfurt der daselbst als Gast
weilende Bischof Gerhard von Mainz; er ward bei den Minoriten bestattet[4]).

Im Jahre 1288 feierte Erzbischof Heinrich von Mainz,
selbst ein Minorit, die „ordines Caritas Dei" bei den Erfurter
Ordensbrüdern[5]). Schlecht ging es aber den Minoriten im
Jahre 1291. Am 13. dieses Jahres brach nämlich in Erfurt
ein Feuer aus, welches fast den dritten Teil der Stadt verzehrte. Hierbei verbrannten das Minoritenkloster, ferner das
der Augustiner, Weissfrauen und Sackbrüder[6]).

Später ist übrigens der Minoritenconvent neu errichtet
worden.

---

[1]) Wadd., Ann. Min., T. II. S. 371.

[2]) Glasberger bei Evers. s. Folg. S. 60 im Teil I. G. F. C.
Evers, Anal. ad fratr. min. historiam. II: de fratrum minorum
conventu Lipsiensi, Lipsiae 1882, pag. 79.

[3]) Chron. Sampetr. S. 84.

[4]) Chron. Sampetr. S. 88. — Die deutsche Ergänzung der Chronik
S. 89: begraben tzu den barfuzen in deme kore.

[5]) Chron. Sampetr. S. 120.

[6]) Chron. Sampetr. S. : a predicta (scil. curia claustri novi
operis) curia ultra valvam que dicitur Cramphintore . . . nec non ecclesia
Saccittarum extra portam predictam . . . Hiernach scheinen die Sackbrüder die örtlichen Nachfolger der Minoriten geworden zu sein, nachdem
diese in die Stadt gezogen. Ausserdem geht aus dieser Stelle hervor,
wie wir schon oben sahen, dass die zweite definitive Niederlassung der
Minoriten im Jahre 1231 nicht weit von ihrem Häuschen ausserhalb der
Mauer und dem Crempentor entfernt war.

Von Erfurt aus schickte Jordanus einige Brüder nach Thüringen[1]). Sie kamen zunächst nach

Eisenach;

die Ankunft erfolgte im Jahre 1225. Den Brüdern schloss sich — erzählt Jordanus — ein gewisser Hermann an, der vorher zum weltlichen Klerus in Eisenach gehört hatte und daselbst Kaplan gewesen war, dann aber sich in den Orden der Deutschbrüder hatte aufnehmen lassen. Durch seine Predigten erregte er beim Volke der Stadt grosse Begeisterung und nützte so den Minoriten sehr. Deshalb machte man in Eisenach gute Miene zum bösen Spiel und bot den Brüdern zwei Kirchen und ein Haus zur Auswahl an. Denn man fürchtete eine Parteinahme des Volkes für die Brüder und ihren feurigen Prediger. Dieser jedoch überliess die Wahl dem Jordanus, der sie bald darauf traf.

Über die mutmassliche Lage des Minoritenhauses erfahren wir Einiges durch Rein[2]). Er schreibt, dass das Franziskaner- und Barfüsserkloster hinter dem Zollhofe (jetzt Residenzhaus) unweit der Fleischbänke in der heutigen Charlottenburg gelegen habe. Nur die Ringmauern seien noch erhalten. Woher er die Notiz nimmt, dass die Brüder schon 1221 ihr Kloster gehabt hätten, ist ebensowenig ersichtlich, wie es unwahrscheinlich ist, da der Orden nach Jordanus' eigenen Worten vor dem Jahre 1225 kein Kloster gekannt hat[3]).

Über die Eisenacher Niederlassung ist also sehr wenig zu berichten. Ausser Jordans Angaben wissen wir nichts Sicheres. Auch Urkunden für Schenkungen sind nicht vorhanden. Aus den Chroniken anderer Städte liess sich gleichfalls nichts über die Eisenacher Mission herauslesen.

---

[1]) Jord. a. a. O. cap. 41.

[2]) Rein, in der Zeitschrift des Vereines für thüring. Geschichte und Altertumskunde, V. Band, Jena 1863, S. 16.

[3]) s. bei Erfurt!

Eine kleine, sehr liebenswürdige Geschichte erzählt noch Jordanus, die sich im Jahre 1230, nach seiner Rückkehr aus Rom und Assisi, in Eisenach abspielte [1]).

Zur Fastenzeit des Jahres 1225 gewannen die Minoriten ein Haus in

Gotha.

Hier blieben zwei Brüder und bewiesen Wohlthaten und Barmherzigkeit gegen neu hinzutretende Brüder ihres Ordens und gegen die Predigerbrüder, sowie gegen alle anderen Religionsgenossenschaften [2]).

Wadding [3]) erzählt, dass der Convent zu Gotha im Jahre 1246 ausgebaut worden sei. Nach einigen Jahren aber wären die Brüder „aus bestimmten Gründen" ausgewandert — seine Quelle sind die Annales Montis St. Petri Erfurt. MSS. de Gotha — und hätten in

Arnstadt,

einem unweit von Gotha gelegenen Städtchen, ein Domicil begründet, welches jedoch 1460 an die Brüder der strengen Observanz übergegangen wäre [4]).

Genau können wir nicht angeben, wann die Übersiedlung nach Arnstadt erfolgt ist. Dass sie aber schon im Jahre 1264 vollzogen war, und dass die Brüder sich in diesem Jahre bereits eines Conventes erfreuten, zeigt eine Urkunde des Grafen Günther von Kevernburg aus diesem Jahre, welche unter den Zeugen den Minoritenguardian von Arnstadt, Albert, und einen Bruder Ulrich nennt [5]).

---

[1]) Jord. a. a. O. cap. 59.

[2]) Jord. a. a. O. cap. 42.

[3]) Wadd. Ann. Min, Tom. II, S. 162.

[4]) Wadding, Ann. Min., Tom. III, S. 162: ad observantes.

[5]) Gedruckt findet sich diese Urkunde in Rein, Thuringia sacra, Urkundenbuch. Geschichte und Beschreibung der thüringischen Klöster. Weimar 1863, I. Band, S. 88.

Am Peter-Paulsfest (29. Juni) des Jahres 1225 kamen die Minoriten nach

Nordhausen.

Es wurde ihnen dort — so erzählt Jordanus — für den jährlichen Preis von vier Solidi ein geräumiger Garten überlassen, in welchem sich ein grosses Haus befand, das zahlreichen Kirchenbesuch in sich aufnehmen konnte. Nach drei Jahren jedoch rief sie der Custos aus diesem Hause ab und mietete sie anderswo ein. Denn die Brüder waren Laienbrüder, und der Custos von Sachsen musste zu ihrer jedesmaligen Beichteabnahme einen langen Weg machen, was ihn sehr verdross[1]). Mit der Abberufung geschah übrigens auch den Brüdern ein Gefallen[2]).

Im Jahre 1230 kehrten sie wieder nach Nordhausen zurück, als ihnen eine Frau einen Platz schenkte[3]). Bei Wadding findet sich ausser der mit Jordanus übereinstimmenden Meldung zum Jahre 1225[4]) eine andere, dem „Chronicum Saxonicum" entnommene Notiz, in der die Ansiedlung zu Nordhausen in das Jahr 1230 verlegt wird. Allerdings knüpft Wadding[5]) an dieser Stelle an ein im Jahre 1230 stattgehabtes, vorher beschriebenes Ereignis nur mit der allgemeinen Zeitbestimmung „tunc" an, die man wohl nicht pressen darf, sondern die vielleicht zu der Annahme berechtigt, dass es ihm hier gar nicht auf eine präcise Zeitbestimmung ankam. Es fiel ihm hier ein, dass er die Besiedlung Nordhausens im Jahre 1225 nur kurz erwähnt hatte, und er wollte jetzt die näheren Umstände erzählen.

---

[1]) Denn die Custoden hatten keinen festen Sitz!

[2]) Jord. cap. 44: „et quia fratres ibi missi tantum laici erant et custos tedium habebat tociens pro eorum confessionibus audiendis quociens necesse erat, discurrere, cum annis tribus ibi mansissent, ad eorum consolacionem ipsos revocavit et in aliis domibus collocavit."

[3]) Jord. cap. 44 fin.

[4]) Wadding, Ann. Min., Tom II, S. 118.

[5]) Wadding, Ann. Min., Tom. II, S. 248.

Der Aufenthalt der Minoriten in Nordhausen blieb nicht ungestört. Im Jahre 1234 verzehrte ein grosser Brand den Franziskanerconvent[1]). Dass der Brand sich nicht auf die Franziskaner beschränkte, sondern auch sonst grosse Verwüstung anrichtete, bestätigen die Erfurter Annalen[2]). Der Convent ist später neu errichtet worden. Wann, wissen wir nicht gewiss. Aber im Jahre 1268 hat er schon bestanden. In diesem Jahre nämlich hielt hier der sächsische Ordensminister Bartholomaeus ein Ordenskapitel ab[3]).

Auch urkundlich findet das Jahr 1268 eine Bestätigung. Am 12. Oktober dieses Jahres bekommen die dortigen Minoriten von dem Vogt Albert von Ebeleben ein jährliches Stipendium von zwei Mark, um dafür „vinum Herbipolense dulce et bonum", und zwar nur zu Messen, zu kaufen[4]).

Ein gewisses Wohlwollen, welches die Minoriten Nordhausens bei der Weltgeistlichkeit genossen, zeigt die Urkunde vom 2. Juli 1279, in welcher der Bischof Withego von Meissen denen, welche an gewissen Fest-Tagen die Franziskanerkirche zu Nordhausen besuchten, einen vierzigtägigen Ablass verleihen wollte[5]). Dass der Name Nordhausen mit Northem, Nordhum etc. abwechselt, lässt uns doch nicht im Zweifel, welche Stadt gemeint ist. Schon Greiderer[6]) constatirt verschiedene Namensnennungen und ist sich vollständig über den Ort klar.

Jordanus giebt als Ankunftsjahr der Minoriten in

---

[1]) Wadding, Ann. Min., Tom. II, S 385.

[2]) Chron. Sampetr. S. 73: Hoc anno (1234) 2. Non. Junii regia villa in parte maiori cum conventionalibus ecclesiis sanctae crucis et minorum fratrum incendio consumpta est. —

G. E. Förstermann, Geschichte der Stadt Nordhausen, das. 1827, erzählt gleichfalls von diesem Brande, der in Rolappes Haus ausbrach. Sonst meldet er nichts über den Minoritenaufenthalt in Nordhausen.

[3]) s. Evers, Analecta ad. fr. Min., hist. II, S. 79.

[4]) Mühlhausener Urkundenbuch, S. 72.

[5]) Gersdorf, Diplom. Saxon. Reg. II, 1, S. 191.

[6]) a. a. O. T. I, S. 17.

Mühlhausen

1225 an. Auch Wadding nennt zum Jahre 1225 unter den Ansiedlungen des Ordens neben Nordhausen auch Mühlhausen: das hindert ihn aber hier ebensowenig wie dort, ins Jahr 1230 das zu verlegen, was 1225 geschehen ist.

Im Ankunftsjahr — so erzählt Jordanus[1]) — gab der dortige Graf Ernst IV.[2]) den Minoriten ein neues, aber noch nicht gedecktes Haus, wies ihnen auch einen dabeiliegenden Garten zu. Bis sie das Haus gedeckt und den Garten umzäunt hätten, wolle er sie in einem Keller beherbergen. Hier war auch anderthalb Jahre[3]) die Stätte, wo die Brüder „beteten, speisten, schliefen und Gastfreundschaft übten".

Während dieser Zeit waren sie aber am Hause und am Garten unthätig — denn es gefiel ihnen im Keller sehr gut —, so dass der Graf ihnen böse wurde und ihnen seine Unterstützung entzog, „videns nullum in iis profectum". Da ihnen nun die Mittel zu ihrer Arbeit fehlten, konnten sie erst recht nicht ihr künftiges Haus ausbauen und zogen ab. Glasberger, der im Übrigen dem Jordanus wörtlich nacherzählt, macht hier eine Bemerkung, aus welcher hervorgeht, dass der Grund, weshalb die Brüder keinen bedeutenden Eindruck machten, darin zu suchen ist, dass sie nur Laienbrüder waren[4]). Im Jahre 1231 kehrten sie zurück, wobei Glasberger ausdrücklich hinzusetzt: clerici et laici[5]). — Auf Erlaubnis des Gegenkönigs Heinrich Raspe von Thüringen, des Schwagers der heiligen

---

[1]) cap. 45.

[2]) cf. Müller, Anfänge d. Min.-Ordens, Freiburg i./B. 1885, S. 98, Anm. Gerade um 1230 kommt ein Graf Ernst IV von Gleichen vor (s. die Stammtafel der Grafen bei Sagittarius, Historie der Grafschaft Gleichen, Frankfurt a. M. 1732).

[3]) Nach Glasberger, bei Evers, Leipzig 1882, S. 38: nur ein Jahr!

[4]) Denn, fügt Glasberger a. a. O., offenherzig hinzu, „laici .... fratres sine assistencia fratrum clericorum fructum in populo minime facere possunt."

[5]) Jord. und Glasb. a. a. O.

Elisabet, — die vielleicht die Minoriten bei dem Könige besonders empfohlen haben mag — fanden sie Aufnahme im
Spital. Der Leiter desselben aber wurde ihnen gram, da er,
mit Recht, zu der Anschauung kam, dass ihm verloren ginge,
was die Franziskaner einheimsten. Diesen Zustand fanden
dieselben jedoch auf die Dauer unerträglich und schieden aus
dem Spital. Sie hatten aber bald das Glück, in einem „Miles"
einen Begünstiger zu finden, der ihnen einen Bauplatz schenkte.
Auf diesem schufen sie sich ihr Heim. So Jordanus.

Wesentlich anders ist die Darstellung, welche Gonzaga[1])
über die definitive Niederlassung der Brüder bringt, und welche
Wadding ihm nacherzählt. Wer der Gewährsmann für diese
Nachricht ist, ist ungewiss. Voigt meint, sie sei auf Balduin
zurückzuführen, dessen Bericht in das Chron. ms. Saxon.
überging. Dagegen bemerkt aber Heinrich Denifle[2]), dass
Wadding diese Nachricht nicht aus dem Chron. ms. Saxon.
genommen haben könne, da er sonst dasselbe zu seiner Erzählung citirt hätte. Allein er führe es wohl zur Erzählung
in n. 16, aber nicht hier an. — Dafür, dass Wadding, resp.
Gonzaga diese Erzählung nicht aus Balduin oder dem
Chron. ms. Saxon. genommen habe, spräche zudem der
Umstand, dass sonst die mit den genannten Siglen bezeichneten Erzählungen immer zum Berichte in Jordanus' Chronik
stimmten, während die Angaben über die Niederlassungen in
Mühlhausen hei Jordanus und Wadding verschieden lauteten.
— Der Bericht ist folgender: „Cum itaque — im Jahre 1230!
— omnes simul ad hospitale divertissent neque diu ibidem ob
loci pedorem atque infirmorum morositatem commorari possent,
quadam in area coenobium ex Molhustensium consensu erexere.
Anno vero 1232, cum illustrissimus Otto Dux in somnis praemoni-
tus esset, ut fratribus griseo habitu indutis sibi aliquando occursuris

[1]) Gonzaga a. a. O., p. 765.
[2]) Heinrich Denifle in den Mitteilungen zur Quellenkunde
der Franziskanergeschichte im Archiv für Litteratur- und
Kirchengeschichte des Mittelalters. Herausgeg. von Heinrich
Denifle und Franz Ehrle. Band I, Berlin 1885, S. 638/639.

faveret, atque egressus domum duos minoritas ostiatim mendicantes in itinere offendisset, praehabiti somnii memor illis tunc ecclesiam beatae virginis Mariae sacram: tum quoque monasterium in amoeno cuiusdam monticuli clivo aedificari fecit[1]."

Dies Gemeinsame aber geht aus den im Speziellen von einander abweichenden Berichten hervor: um das Jahr 1230 haben sich die Minoriten in Mühlhausen dauernd festgesetzt.

Urkunden finden sich erst in den sechziger Jahren des Jahrhunderts.

Am 16. Oktober 1262 teilte der Provinzial von Sachsen dem Hochmeister Anno den Vergleich zwischen den Mühlhauser Minoriten und den Pfarrern des Deutschordens betreffs Ausübung geistlicher Functionen mit[2].

Hiernach sollten die Minoriten nur dann Beichten hören dürfen, wenn zuvor der Ordenspfarrer oder ein Genosse sie gehört hätte, es müsste denn sein, dass sie von einem Freunde gerufen würden, dem sie sich „sine scandalo" nicht entziehen könnten. Auch bei Begräbnissen herrschte nach den Bestimmungen dieser Urkunde derselbe die Minoriten zurücksetzende Modus[3]. Doch muss sich dieses Missverhältnis zwischen den Mühlhauser Minoriten und dem deutschen Orden später vermindert haben. Denn, wie uns eine Urkunde sagt[4], erteilte der Bischof Christian II von Samland, der selbst ein Bruder des deutschen Ordens war, den Mühlhauser Minoriten verschiedene Indulgenzen.

Ebenso wie den Minoriten in Nordhausen wies der Vogt Albert von Ebeleben denen in Mühlhausen im Jahre 1268 ein

---

[1] Cf. die Gründung des Lüneburger Klosters!
[2] Mühlh. Urkd.-B. S. 59, Nr. 164.
[3] „ . . . . fratres, si quem ad sepulturam volent accipere, prius corpus ad parochialem ecclesiam facient deportari, ut defuncto a caris suis fiat devocio consueta".
[4] Mühlh. Urk.-B. S. 190, Nr. 446, zwischen 1276 und 1295 ausgefertigt.

jährliches Stipendium von zwei Mark zu, um davon Wein —
und zwar nur für die Messen — zu kaufen[1]).

Dass in Mühlhausen auch ein Lector unter den Minoriten
war, sagt uns eine Urkunde, die ihn bei einem Schiedsspruche
über die Patronatsrechte des Dorfes Drinrode als Mitschieds-
richter nennt[2]). Die Mühlhauser Ansiedlung ist die letzte
der von Jordanus geschilderten Niederlassungen in Thüringen.
Jetzt verlässt uns Jordanus und mit ihm eine Reihe der an-
schaulichsten, von höchstem Interesse und höchster Wahrheits-
liebe getragenen, Erzählungen.

Wir dürfen wohl annehmen, dass jene 10 Niederlassungen,
die uns Jordanus nennt, nicht allein die ersten in Sachsen gewesen sind, sondern dass zwischen ihnen und den folgenden
ein beträchtlicher Zeitraum liegen wird. Die jungen Gründungen werden wohl einige Zeit gebraucht haben, um zu
erstarken, ehe sie daran denken konnten, die Mission weiter
zu verbreiten. Auch macht keiner der folgenden Minoriten-
sitze den Anspruch auf eine Gründung in den ersten Missions-
jahren.

Zeitlich am nächsten scheint sich an die genannten Ansiedlungen die zu

Lüneburg

angeschlossen zu haben. Im Jahre 1235 nämlich, so erzählt
eine alte Aufzeichnung[3]), habe der Herzog Otto von Braunschweig, um die Jungfrau Maria zu ehren, die ihm mehrfach
im Traume erschienen war, eine Kirche in Kreuzform an einem
von jener bezeichneten Platze errichtet, die der Bischof Gerard
von Verden einweihte. Als darauf der Herzog unschlüssig

---

[1]) Mühlh. Urk.-B. S. 72, Nr. 188.

[2]) Urkunde vom 11. April 1279 im Mühlh. U.-B. S. 109, Nr. 272.

[3]) Alle Aufzeichnungen in Gebhards historisch-genealo-
gischen Abhandlungen IV, 173. Abgedruckt im Lüneburger Urkundenbuch, VIII. Heft des histor. Vereins für Niedersachsen, herausgegeben von W. F. Volger, Hannover 1872, S. 24.

gewesen. welchen geistlichen Personen er die Kirche übergeben solle. kamen zwei bettelnde Minoriten aus Hildesheim,
die ihm im Traume erschienen waren. zu ihm in die Burg und
erhielten einen auch von der Jungfrau Maria bezeichneten Platz
zum Bau eines Klosters. Im Jahre 1235 also — so schliesst der
Bericht — am 1. September wurden die Minoritenbrüder vom
Herzog Otto „cum magna devocione populi“ in Lüneburg aufgenommen.

Diese ganze Erzählung hat eine unverkennbare Ähnlich-
lichkeit mit der von Wadding und Gonzaga bei Mühlhausen
angegebenen. Dort wie hier Traumerscheinungen in Hülle
und Fülle, die den Gründer. der dort wie hier ein „illustrissimus Otto dux“ ist, auf die Gründung hinweisen; dort wie hier
ist das Kloster auf einer Erhöhung errichtet[1]), dort wie hier
die Begegnung mit Minoriten, die den Herzog noch vollends
zu seiner Stiftung bewogen. Durch diese Doppelheit. sowie
durch die phantastische Umgebung leiden beide Berichte.
Völlig zu verwerfen ist ja unsere Nachricht nicht; die Zeit
der Stiftung ist nicht unwahrscheinlich, und wenn die Zeit
hätte gelogen werden sollen, dann hätte sie, wie das bei Hildesheim, Goslar und Braunschweig geschah, um ein oder zwei
Decennien zurückdatirt werden können. Dass ferner die Mönche
gerade aus Hildesheim kommen, ist sehr zu verstehen, denn
der Hildesheimer Convent wurde sehr früh begonnen und
Hildesheim lag Lüneburg von den ersten Franziskanerstädten
am nächsten. Aber wunderlich bleibt der Bericht auf jeden Fall.

Urkundliche Nachrichten über das Lüneburger Kloster
finden sich erst in den achtziger Jahren des Jahrhunderts.

Die erste Urkunde, die wir haben, ist datirt vom 3. April
1282. Sie wurde vom Herzog Otto von Braunschweig im
Kloster der Franziskaner zu Lüneburg unterzeichnet[2]).

---

[1]) a. a. O. S. 23, locus presens, ubi nunc monasterium fratrum Minorum exstat fabricatum, extra muros civitatis et erat mons pervius . . .

[2]) Urk.-B. der Stadt Lüneburg, S. 90. Im Copialbuch des
Klosters Scharnebeck.

Dass diese sichere Nachricht von dem Bestehen des Klosters fast

Die zweite das Kloster betreffende Urkunde stammt aus dem Jahre 1297, 1. Dezember. Sie enthält die Entscheidung des Streites des Franziskanerklosters mit dem Pfarrer der Kirche S. Johannis in Modestorpe. Sie ist leider nicht ganz auf unsere Zeit gekommen: es finden sich in ihrem Wortlaut mehrere Lücken. Jedenfalls aber erfahren wir, dass die Franziskaner Lüneburgs schon zur Zeit des Vaters und Bruders des Bischofs von Verden, der Herzöge Otto und Johann von Braunschweig, gewisse Sonderrechte gehabt hätten, so im Beichtehören, ferner im Predigen. All das, bestimmte die in Rede stehende Urkunde, solle jetzt ebenso weiter bleiben. Nur sollten die Brüder an keinem Feiertage vor der Hauptmesse in den Parochialkirchen ihre Predigten beginnen, ausgenommen an den Feiertagen ihrer speziellen Heiligen Franciscus, Clara und Antonius[1]). Ferner sollten sie den schwer Leidenden die letzte Ölung und die Sacramente nur dann geben dürfen, wenn sie das „de nostra — des Bischofs — seu rectorum ecclesiarum licentia speciali" thäten. Eine Ausnahme geschieht bei ihren Ordenszugehörigen: in diesem Falle haben sie niemandes Erlaubnis nötig.

Wir sehen, dass die Sonderrechte, von denen die Urkunde im Anfange spricht, nicht bedeutend gewesen sein können.

Um die Wende des Jahrhunderts aber müssen sich die dortigen Brüder einer vorzüglichen socialen Stellung erfreut haben. Es existirt nämlich eine Urkunde, die der Herausgeber des Urkundenbuches zeitlich mit „um 1300" bestimmt,

50 Jahre jünger ist als jene erste, beweist noch nicht die Unwahrheit der ersten: Urkunden sind die wichtigste, jedoch nicht die einzige Quelle der Geschichtsschreibung, wie Kasimir Pfyffer (Gesch. d. Stadt und des Kantons Luzern, Zürich 1850, I. Bd. S. 20) richtig bemerkt. cf. Koch, „Niederl. d. Min. im Rheingebiete etc." bei „Zürich"!

[1]) a. a. O. S. 124: in nullis festivitatibus ante summam missam parochialium ecclesiarum civitat . . . Lücke! . . . praedicationes . . . Lücke! . . . intendunt.

die also möglicherweise schon ins folgende Jahrhundert gehört[1]). Sie behandelt einen rein kaufmännischen Gegenstand,
die Zollrolle zwischen Hamburg und Lüneburg, und beginnt
mit den Worten: „viris discretis consulibus in Hamburg ....
frater Johannes gardianus totusque conventus fratrum Minorum in Luneborg pacem ....." Darauf folgen die Zollbestim-
mungen. Das Sigill trägt die Umschrift: S. fratrum M. de
Luneburg.

Der Umstand, dass hier die Minoriten mit der Abschliessung
von Handelsverträgen beauftragt werden, beweist das Ver-
trauen, das der Convent bei den Bürgern der Stadt genoss.

Ähnlicher Art wie die Berichte über Lüneburg sind die über

Freiberg.

Auch hier ist ein weiter Abstand zwischen der ersten
Meldung und den sicher verbürgten Nachrichten.

Schon im Jahre 1233 soll ihnen unter Vergünstigung des
Nicolaus von Honssberg daselbst ein Kloster gegründet wor-
den sein[2]). Dieses Jahr zieht indes Gersdorf in Zweifel[3]).
Doch nimmt Woker[4]) das Jahr 1233 als richtig an; ebenso
Tittmann[5]), der das Jahr 1223, das ihm irgendwo entgegen-
getreten ist, als zu früh zurückweist.

Eine urkundliche Bestätigung des Freiberger Klosters
aber findet sich erst in den achtziger Jahren.

Am Schlusse eines Vertrages vom 10. December 1283
wird der Minoritenguardian aus Freiberg als Zeuge genannt[6]).

---

[1]) L. Urd.-B. S. 136.
[2]) Moller, theatr. Friberg. chron. P. I. p. 117, 330.
[3]) Gersdorf im Jahresbericht der deutschen Gesellsch. zum Jahre
1836, pag. 3.
[4]) Woker, a. a O. S. 10.
[5]) Friedr. Wilh. Tittmann, Gesch. Heinrichs des Erlauchten, Dresden und Leipzig 1845. S. 310.
[6]) Gersdorf, Cod. dipl. Sax. Reg. II, 1 S. 202: fratre Johanne
gardyano in Vriberc.

Im Jahre 1299 wies der Probst Dietrich den Freiberger Minoriten in seinem Testamente eine Summe zu[1]).
Über die Ankunft der Minoriten nach

Altenburg

haben wir keine direkten Nachrichten.

Da wir aber aus Glasberger[2]) wissen, dass in Alten-
burg im Jahre 1239 ein Provinzialkapitel (unter Leitung des
Provinzialminister Marquardus) abgehalten wurde, dem zwei
Jahre später ein zweites (unter Leitung des Generalministers
Heymo bei seinem Besuche in Sachsen) daselbst folgte, gehen
wir wohl nicht fehl, wenn wir die Niederlassung der Brüder
in das dritte Jahrzehnt verlegen. Ein genaues Jahr aber
lässt sich nicht angeben.

Das Vorhandensein einer Minoritenniederlassung in

Oschatz

erfahren wir nur durch die urkundliche Erwähnung des dortigen
Franziskanerklosters. Nach derselben bestand es schon im
Jahre 1240[3]).

Ganz am Ende des Jahrhunderts wird das Kloster nochmals genannt in einer Urkunde, in welcher der Probst Dietrich
die Brüder in seinem Testament bedenkt[4]). Oschatz besass
auch ein Frauenkloster des Ordens. Auch dies erfahren wir
nur durch eine Urkunde. Im Jahre 1268 wies Heinrich der
Erlauchte dem Franziskaner Nonnenkloster eine Schenkung
zu, die ihnen das Patronatsrecht über Oschatz gewährte[5]).

---

[1]) Gersd., Cod. d. S. R. II, 1, S. 258: „item fratribus minoritus
in Vriberch unum talentum".

[2]) Bei Evers, a. a. O. S. 59, 61; auch Anal. Francisc. II. Bd.
S. 62, 63.

[3]) Tittmann, a. a. O.

[4]) Gersd. Cod. dipl. S. R. II, 1, S. 258: tribus minoribus in Ozzecs
unum talentum. d. 18. Jan. 1299.

[5]) Diplomata Hornii Heinric. III. pag. 362 ff.

Nach

Hamburg

werden die Minoriten gleichfalls in den dreissiger Jahren gekommen sein. Winter[1]) bringt die Notiz, dass im Jahre
1239 ein Graf Albert von Schauenburg und Holstein in das
Franziskanerkloster zu Hamburg eingetreten sei. Er giebt
die Quelle nicht an. Doch bringen die Annales Stadenses
eine solche Meldung[2]).

Urkundlich werden die Hamburger Minoriten im Jahre
1246 bestätigt. Es ist in einer Urkunde aus diesem Jahre
von einem Kirchhofe der Franziskaner die Rede. Da aber
das Kloster schon einige Zeit vor dem Bestehen des Kirch-
hofes vorhanden gewesen sein muss, so wird wohl die Jahresangabe der Annales Stadenses richtig sein[3]). Die Annales
Stadenses bringen auch die Nachricht, dass im Jahre 1240
ein Minoritenkloster in

Stade

bestanden hat[4]). In diesem Jahre trat auch der Verfasser
der Annalen, der Abt Albert, in das dortige Minoritenkloster
ein, nachdem er sich vergeblich bemüht hatte, das Stadener

---

[1]) Franz Winter, Die Cisterzienser des nordöstlichen
Deutschlands. Gotha 1871. Band II, S. 128.

[2]) Annales Stadenses auct. Alberto, ed. Lappenberg. Mon.
Germ. Scriptt. XVI, S. 365.

[3]) Die Urkde. ist verzeichnet im Hambgr. Urkd.-Bch, herausgeg.
v. Lappenberg. Erster Bd. Hambg. 1842. S. 453: Joh. und Gerhard
Grafen von Holstein (s. Meldg. d. Ann. Stad.!) verleihen den Hamburgern
zum Schutze der Stadt das Wasser vom Minoritenkirchhofe bis zum Thore
der H. Milderode. 1246.

Fast wörtlich findet sich diese Urkde. wiederholt im Jahre 1264.
Hambg. U.-B. I, S. 558.

[4]) Ann. Stad. a. a. O. S. 366: Archiepiscopus Bremensis et Ver-
densis in domo minorum fratrum in Stadio etc.

Marienkloster der Benediktiner, dessen Abt er war, in ein Cisterzienserkloster umzugestalten[1]).

Nach

Torgau

müssen die Minoriten vor dem Jahre 1243 eingewandert sein, denn in diesem Jahre bestand daselbst schon ein Franziskanerkloster, wie eine Urkunde vom 22. Juli sagt[2]). Im Jahre 1269 unterzeichnete der Torgauer Minoritenguardian Conrad einen Vertrag zwischen dem Ritter Heinrich von Liebenau und dem Probste und Kloster auf dem Lautenberge bei Halle[3]). Wann das Kloster und die Kirche der Minoriten in

Halle

erbaut worden ist, wann überhaupt die Brüder nach Halle gekommen sind, lässt sich nicht auf das Jahr genau bestimmen. Dreyhaupt weiss nichts darüber[4]). Woker verlegt die Niederlassung der Franziskaner in Halle ins 15. Jahrhundert, an dessen Ende Kirche und Convent fertig gewesen seien. Die Zahl der Brüder scheine nie gross gewesen zu sein. Auch die Schwestern des dritten Ordens des hl. Franz hätten ein kleines Kloster neben dem Franziskanerkloster gehabt[5]). Nun sind aber zwei Zeugnisse vorhanden, die Wokers Ansicht

---

[1]) cf. die Bemrkg. bei Halberstadt! Ann. Stad. a. a. O., S. 366, 367. Wadding, Ann. Min., III. S. 33, 34.

[2]) Tittmann, a. a. O. S. 309.

[3]) G. A. v. Mülverstädt, Regesta Archiepiscopatus Magdeburgensis, Sammlung von Auszügen aus Urkunden und Annalisten zur Geschichte des Erzstiftes Magdeburg. Zweiter Teil. Magdeburg 1881. S. 773.

[4]) Dreyhaupt, Beschreibg. des Saalkreises, Halle 1749, pag. 793, Tom. I, kennt auch nicht das Jahr des Baues und der Stifter, erinnert aber an die Notiz des Chron. Mont. Sereni bei Meucken, Scriptt. Rer. Germ., welches wir bei Magdebg. angegeben haben.

[5]) Woker, a. a. O. S. 117. Das Letztere auch bei Dreyhaupt a. a. O.

vollständig widerlegen und die schwankende Notiz Dreyhaupts
sicherstellen.

Das eine Zeugnis bringt Glasberger[1]). Er schreibt,
dass im Jahre 1245, am Geburtstage der hl. Jungfrau, der
frühere Lector von Hildesheim, Bruder Conrad von Braunschweig, auf dem Provinzialkapitel zu Halberstadt zum Minister
gewählt worden sei. Mithin ist das Vorhandensein von Minoriten
in Halle seit 1245 — wenn nicht früher! — mit Bestimmt-
heit anzunehmen.

Möglicherweise hat es noch eine Reihe von Jahren gedauert, bis sie in den Besitz von Kloster und Kirche gekommen
sind, genau lässt sich das Jahr nicht bestimmen. Dass aber
die Minoriten sicherlich in der zweiten Hälfte des dreizehnten
Jahrhunderts jene Erwerbungen gemacht haben, beweisen die
Halleschen Schöffenbücher — und diese sind das zweite Zeugnis[2]). Leider enthalten die Schöffenbücher für das drei-
zehnte Jahrhundert nur die zwei chronologischen Bestimmungen
1286 und 1296. Soviel aber erfahren wir jedenfalls aus ihnen,
dass die Brüder vor 1286 und zwischen 1286 und 1296 Besitz-
erwerbungen machten, darunter sicherlich ein Kloster — denn
wir lesen öfter „bi den minneren brudern"[3]) etc. —, ja auch
einen Kirchhof[4]). Das Kloster stand auf dem Schulberge in
der Nähe der jetzigen Universität.

---

[1]) Bei Evers, Leipzig 1882, S. 66; in den Anal. Francisc.
Quar. 1887, S. 70.

[2]) Der Herausgeber der Halleschen Schöffenbücher, I. Buch,
S. 21 bemerkt in einer Anmerkung, die Zeit der Gründung stehe nicht
fest, dieselbe habe aber wohl um die Mitte des 13. Jahrhunderts stattgefunden.

Hertzberg, Gesch. d. Stadt Halle etc., I. Bd. Halle a. S.
1889, S. 112 lässt die Annahme Mülverstedts (in den Magdbg. Ge-
schichtsbl. 1867, S. 459), welche für die Gründung des Klosters die
Zeit „zwischen 1240 und 1290" in Anspruch nimmt, gelten.

[3]) Hall. Schöffb. S. 90: der barwuzen hant.

[4]) Hall. Schöffenb. I. Buch. Auf folgenden Seiten werden die
Brüder erwähnt: SS. 21, 33, 36, 39, 51, 53, 54, 55, 62, 79, 71, 48, 68,
69, 87, 90. S. 68: „Johannes Musolf, Wolters Sohn, giebt seinen Hof

Meissen

ist zwischen den Jahren 1254—1260 durch Almosen des Markgrafen und der Bürgerschaft gebaut und den Aposteln Petrus
und Paulus geheiligt worden; die Weihe vollzog Bischof
Conrad I[1]).

Die erste Urkunde, die wir über das Kloster haben,
stammt aus dem Jahre 1263. In ihr unterzeichneten u. a.
die Minoritenbrüder Heinrich „dictus de Rotowe" und Wachs-
mund einen Vergleich, den der Bischof Albert mit dem Probst
Siegfried abschloss[2]). Die Meissener Bischöfe scheinen ganz
besondere Freunde der Minoriten gewesen zu sein. Schon im
Jahre 1245 weihte der Bischof Conrad I, welcher auch das
Meissener Kloster geweiht hat, eine Franziskanerkirche in
Görlitz ein[3]). Im Jahre 1279 bewilligte der Meissener Bischof
Wythego dem Nordhauser Minoritenkloster Vergünstigungen.
Andererseits konnte er einige Jahre später (1283) die dem
Meissener Kloster von auswärts verliehenen Indulgenzen be-
stätigen[4]). Eine derartige Indulgenz, ein Ablass von vierzig
Tagen, war vom Bischof Friedrich von Merseburg im Jahre
1281 denjenigen übertragen worden — „für ewige Zeiten" —,
welche a: bestimmten Festtagen die Meissener Franziskaner-

---

den Minderbrüdern. Hallesche Schöffenbücher S. 71: „begauede hore::
hof, de an den broder Kerhoue" lit, ..."

[1]) Evers, Das Franziskaner Barfüsserkloster zu Leipzig,
das. 1880, S 12. Tittmann, a. a. O. S. 109. Gersdorf, Cod. dipl.
Sax. Reg. II, 4, S. 272.

[2]) Gersd., Cod. dipl. Sax. Reg. II, 1, S. 157, frater H. dd. R.
et fr. W. laicus ordinis minorum in Misna. Derselbe Henricus de R. wird
erwähnt bei Gersdorf II, 1, S. 160, S. 173, S. 166.

[3]) Hasse, Abriss der meissn. alb. sächs. Kirchengesch. S. 54.

[4]) Gersd. a. a. O. II, 4, S. 273: indulgentiam, quam pradilecti
nobis fratres minores in conventis Misnensi extra diocesam nostram im-
petraverunt, ratificamus et si quam procedente tempore impetraverint ...

kirche besuchten etc.[1]). Am 5. Januar 1272 beurkundete der
Markgraf Heinrich u. a. eine Schenkung seiner verstorbenen
Gemahlin Agnes zum Gedächtnis des hl. Franz[2]). In der
letztwilligen Verfügung des Probstes Dietrich im Jahre 1299
erhielten die Minoriten Meissens einen langen Tisch und ein
grosses Bett[3]).

Der Ort, wo das Franziskanerkloster in

Leipzig

gestanden hat. ist. wie Evers bemerkt, historischer Boden[4]).
Im Jahre 1216 oder 1217 nämlich liess der Markgraf Dietrich
der Bedrängte bei seinem Kampfe gegen die Stadt Leipzig
innerhalb derselben Zwingburgen aufführen, die eine in der
Nähe des Grimmaschen Thores, die andere „auf der Höhe
zwischen dem Rhanischen Thor und der Barfüsserpforte, wo
nachmals das Barfüsserkloster gestanden", die dritte „zwischen
dem Petersthor in der Gegend der heutigen Pleissenburg."

Die erste Zwingburg wurde 1224 geschleift, und an ihre
Stelle kam einige Jahre später das Dominikanerkloster[5]).

Die zweite Burg „auf der Höhe" wurde gleichfalls bald
darauf zerstört und später an ihrer Stelle das Franziskaerkloster errichtet. Die Gebäude daselbst tragen noch heute
die Spuren des ehemaligen Baues. und bei den Ausgrabungen
in neuester Zeit haben sich in der Tiefe Reste des ehemaligen
Castells gefunden[6]).

Wann aber die Niederreissung der zweiten Burg geschah,

---

[1]) Gersd. a a. O. II. 4, No. 362. S. 272. — Weitere Indulgenzen
für die Meissener Franziskaner erteilten die Bischöfe von Eichstadt, Samland, Naumburg im Jahre 1287. Gersd. a a. O II, 4, 274.

[2]) Gersd. a. a. O. II, 1, S. 173. Zeugen sind u. a. Guardian Friedrich und Bruder Heinrich de Rotowe.

[3] Gersd. a. a. O. II, 1, S. 259, item fratribus minoribus in Misna
longum mensum et lectum magnum.

[4]) Evers, d. Fr. Barf.-Kloster zu Leipzig, das. 1880, S. 5.

[5]) Ann. Reinhardsbrunnenses, ed. Wegele, S. 174: obtulerunt
turrim Landgravio, qui humiliavit eam prosternens ad terram . . . .

[6]) Gretschel, Kirchliche Zustände Leipzigs, S. 153.

wann sie an die Franziskaner überlassen wurde, wann dieselben überhaupt nach Leipzig gekommen sind, ist ungewiss.

Schlözer — in seiner kleinen Chronik § 26 — erzählt[1]), dass der Vormund des minderjährigen Heinrich. Ludwig, aus Misstrauen gegen seines Mündels Stiefvater[2]) der Stadt die Erlaubnis gab, zwei von Dietrichs Schlössern abzubrechen. Unter diesen zweien können aber, wie aus der Bemerkung der Pegauer Jahrzeitbücher hervorgeht, nur die beiden, bereits oben genauer beschriebenen, nicht das dritte, gemeint sein[3]). Hiernach muss zur Zeit der Aufzeichnung noch der letzte Turm seiner anfänglichen Bestimmung gedient haben, während die beiden andern anderweitige Verwendung fanden. Ferner heisst es bei Schlözer § 29: „Die Franziskaner kamen schon während Heinrichs Minderjährigkeit (also noch vor dem Jahre 1237, in welchem er selbst die Regierung antrat.) nach Leipzig." Indes giebt Schlözer keine Quellen an. An urkundlichen Nachrichten über das Leipziger Minoritenkloster im 13. Jahrhundert liegt Folgendes vor.

Im Jahre 1261 wird einer Schenkung durch Gertrud, die Witwe Ulrichs von Vrideberc, an die Kirche St. Paul zu Merseburg, der Bruder Dietrich, Guardian des Leipziger Klosters, als Zeuge angegeben[4]). Am 30. Juli 1263 war bei einem Vergleiche, den der Erzbischof Ruprecht von Magdeburg mit der Bürgerschaft von Halle machte, einer der Zeugen der Leipziger Minoritenguardian Tromold[5]).

Im Ratsarchiv zu Leipzig findet sich eine Urkunde, die die Minoriten am 14. Februar 1275 dem Rate der Stadt aus-

---

[1]) Bei Evers, d. Fr. Kl. zu Leipzig, S. 5.

[2]) Der Stiefvater des jungen Heinrich war Graf Poppo von Henneberg, der sich mit der verwitweten Gattin Dietrichs vermählt hatte.

[3]) s. bei Evers a. a. O.! Pegauer Jahrzeitbücher: Fuit autem unum castrum situm in fine orti fratrum praedicatorum, aliud iuxta fratres minores, tertium ubi nunc est hodie.

[4]) Evers. a. a. O. S. 14, nach Klinger, Dorf- und Bauernrechte, Tom. III, S. 192.

[5]) v. Mülverstedt, Regg. Arch. Magdbg. II, S. 687.

stellen. worin sie bescheinigen, dass sie zwei Türme in der
Stadtmauer, einen zwischen dem Kloster und dem Rhanischen
Thore zum Ziegelbrennen, und den andern der Barfüssmühle
gegenüber, zum Kochen und Backen auf Widerruf erhalten
haben[1]).

Am 7. Dezember 1285 wird in einer Urkunde die Lage
der Barfussmühle bestimmt durch den Zusatz, dass sie in der
Nähe der Stadtmauer, nicht weit von den Minoriten gelegen
sei[2]). Im Jahre 1288. am 17. August, werden in einer Urkunde des Markgrafen Friedrich von Landsberg an die Dom-
kirche zu Meissen als Zeugen der Leipziger Minoritenguardian
Dietrich de Racowe und Bruder Hartung genannt[3]).

Die letzte Urkunde aus diesem Jahrhundert trägt das
Datum des 8. Januar 1292. In ihr traf ein gewisser Ulrich
mit seiner Ehefrau Adelheid eine letztwillige Verfügung und
vermachte einen Teil seines Vermögens den Minoriten[4]).

Aus allem geht hervor, dass die Minoriten, wenn auch
nicht, wie Schlözer meint, schon im Jahre 1237, so doch gegen
die Mitte des Jahrhunderts nach Leipzig gekommen sind und
spätestens zehn Jahre nachher ihren Convent gehabt haben.
Ihre Stellung war daselbst, wie die häufige Heranziehung der
Brüder zu ehrenvollen Handlungen beweist, eine recht ange-
sehene. Aber auch materiell scheinen sie sich wohlgefühlt zu
haben, wie aus der Urkunde des Jahres 1275 hervorgeht.
In

Wittenberg

wurde, so meldet Gonzaga einsilbig, dem es Wadding ebenso
kurz nacherzählt, im Jahre 1266 ein domicilium errichtet[5]).
Wadding aber kannte ausserdem eine Erzählung, die Elias

---

[1]) s. Evers, a. a. O. S. 15.
[2]) Gersd. Cod. dipl. Sax. Reg. II, 8: Nr. 13: molendini siti ...
apud fratres minores.
[3]) Gersd., II 1, Nr. 286.
[4]) Gersd. a. a. O. II 8, Nr. 35.
[5]) Wadding, Ann. Min. Tom. IV, S. 267.

Reusner in seiner „Genealogia Imperatorum et Princi-
pum" aufgeschrieben hat, und die in tendenziöser Weise
die Gründung des Klosters auf viele Jahre zurückverlegt.
Sie lautet: „Helena von Braunschweig, die Tochter des Kaisers
Otto IV, die Gemahlin des Herzogs Albrecht I von Sachsen,
starb im September 1273 und wurde in Wittenberg begraben,
im Kloster der Minoriten, das sie selbst im Jahre 1238 gestiftet hatte."

Rehtmeier[1]) kennt auch diese Nachricht von der Gründung des Klosters im Jahre 1238, weist sie aber als zu früh
zurück. „Denn damals sei die Herzogin noch eine unver-
heiratete Prinzessin, ja ein Kind von 6 und 7 Jahren gewesen und hatte keine Ursache gehabt, etwas an die Mönche
zu verwenden. Es muss also die Stiftung des Klosters erst
viele Jahre nachher geschehen sein."

Diese Helena sei aber nicht des Kaisers Otto, sondern
des damaligen Herzogs Otto Tochter gewesen. Er beruft
sich darin auf Botho, der eine genaue Aufzählung der Töchter
des Herzogs Otto bringt[2]). Helena sei zweimal verheiratet
gewesen, zuerst mit dem Landgrafen Hermann von Thüringen,
dem Sohne Ludwigs und der hl. Elisabet, nachher mit dem
Herzog Albrecht von Sachsen. Auf ihrem Grabe im Franziskanerkloster stehe folgendes Epitaphium: „Anno MCCLXXIII,
8. idus septembris obiit Helena coniunx Alberti ducis Saxoniae
Electoris, filia Ducis Ottonis de Brunsvig, fundatrix huius
loci". Woker[3]) nimmt aus Wadding die Zahl 1266 und aus
Rehtmeier die Sache, und wohl mit Recht. Genau wird sich
das Jahr aber nicht feststellen lassen.

Nur eine Urkunde war zu finden: Am 9. Oktober 1287

---

[1]) Rehtmeier, Braunschwg.-Lünebg. Chronik, Braunschwg.
1722, S. 484 und S. 487.
[2]) Botho, Sachsenchronik, bei Leibnitz, Scriptt. Rer.
Brunsv. Tom. III. pag. 363.
[3]) a. a. O. S. 10.

stellte Bischof Volrad von Halberstadt den Wittenberger
Minoriten einen Ablassbrief aus[1]).
Über die Franziskaner in

Quedlinburg

wissen wir nur soviel, dass sie im Jahre 1257 ein Kloster
hatten. Wann und von wem es gegründet worden ist, sowie
die Umstände bei der Gründung und das Jahr der Einwanderung,
all dies entzieht sich unserer Kenntnis.

Das Vorhandensein des Klosters beweist eine Urkunde,
die am 13. Juni 1257 der Bischof Volrad von Halberstadt
„bei den Minderbrüdern in Quedlinburg" ausfertigt[2]).

Das Jahr der Gründung des Franziskanerklosters in

Dresden

ist unsicher; ebensowenig kennen wir den Gründer[3]). Sicher
aber wird das Kloster nicht vor der Mitte des Jahrhunderts
gegründet worden sein, da dasselbe vor dieser Zeit nirgends
genannt wird, während es, in der Hauptstadt des Landes gelegen, bei seinem Vorhandensein Gelegenheit dazu gehabt hätte.
Eine ganze Reihe von Urkunden, die Dinge ausserhalb Dresdens
betreffen, wird im Laufe der zweiten Hälfte des Jahrhunderts
im Dresdener Franziskanerkloster unterzeichnet. Woher käme
die Vorliebe des Stiftes für das Dresdener Kloster in der

---

[1]) Codex dipl. Anhaltinus, Dessau 1875. Teil II. S. 439.
Nr. 632.

[2]) Riedel, Cod. dipl. Brandenbg. Bd. I, pag. 49/50.

[3]) Hasche, Diplom. Geschichte Dresdens von seiner Ent-
stehung bis auf unsere Tage. Dresden 1816, Erster Teil, S. 204:
„Von diesem Kloster sind uns wenig Nachrichten übrig geblieben, selbst
der Stiftungsbrief fehlt, und ich weiss nicht, haben es die Bürger oder
der Landesherr erbaut. Heinrich mochte es wohl schwerlich gestiftet
haben, denn Horn und Liebe, die uns alle Kleinigkeiten von ihm auf-
gezeichnet haben, melden nichts davon."

zweiten Hälfte des Jahrhunderts, während sie in der ersten fehlte? Es war eben früher kein Kloster da! Auch über das erste Erscheinen der Minoriten in Dresden erfahren wir nichts.

Zum ersten Male hören wir von einem Zusammenhange Dresdens mit dem Orden bei Glasberger[1]).

Im Jahre 1263 nämlich wurde in Dresden ein Provinzial-kapitel abgehalten. Ob aber damals schon ein Kloster da war, meldet er nicht. Dasselbe wird urkundlich 1272 zum ersten Male erwähnt.

In diesem Jahre unterzeichnete der Markgraf Heinrich eine Urkunde im Dresdener Kloster[2]).

Im Jahre 1279 wird in einem Brief des Abtes Burchard von Celle, in welchem er auf die Parochie Seuslitz verzichtet[3]), unter den Zeugen ein Bruder Johannes vom Minoritenconvent in Dresden genannt[4]). Wadding erwähnt das Dresdener Kloster erst 1291, als es mit einer Indulgenz für verschiedene Feiertage ausgestattet wurde[5]) Der schon öfter angeführte Probst Dietrich wies auch den Dresdener Minoriten im Jahre 1299 eine Summe zu[6]).

Die Stadt

Stendal

hatte vor 1267 ein Franziskanerkloster. In diesem Jahre nämlich war Frater Johannes, der Magdeburger Conventual

---

[1]) Bei Evers, a. a. O. S. 72. Anal. Franc. II, S. 76.

[2]) Hasche, Gesch. Dresdens, Urkdbch. Nr. 5, S. 12.

[3]) cf. Evers, d. Fr. Kl. zu Lpzg. S. 11.

[4]) Horn, Henr. Illustr. pag. 115: „occurrit iam inter testes Frater Johannes Guardianus in Dresden."

Siehe ferner Gersdorf, Cod. dipl. Sax. Reg. II, 1, Nr. 202. fratre Wilhelmo guardiano in Dresden. 10. Sept. 1283.

[5]) Wadding, Ann. Min., Tom. V. S. 285: in Ecclesia Monasterii Tresdensis constructa .... indulgentia ....

[6]) Gersd., Cod. dipl. Sax. Reg. II, 1, S. 258, 18. Jan. 1299. fratribus in Dresden unum talentum.

des Franziskanerklosters zu Stendal. Zeuge in dessen Revers gegen den Rat daselbst, keine neuen Hausstellen in der Stadt zu erwerben[1]).

Über den Aufenthalt der Franziskaner in

Bremen

wissen wir nichts Näheres. Im Jahre 1272 leitete in Bremen der Provinzialminister Conrad ein Provinzialkapitel[2]).

Das Franziskanerkloster zu

Seuselitz

soll im Jahre 1268 vom Markgraf Heinrich von Meissen gegründet worden sein[3]). Es wurde hauptsächlich bekannt durch den Begräbnisstreit nach dem Tode des Markgrafen. Die Brüder erfreuten sich grosser Huld seitens des Markgrafen, welche, wie sie behaupteten, sich in dem Versprechen des Markgrafen kundgab, sich nach seinem Tode nicht bei den Cisterziensern in Altcelle, sondern bei ihnen selbst in Seuselitz begraben zu lassen. Dieses Geschenk aber wäre eine ungeheure Auszeichnung für das Minoritenkloster gewesen, um so auffallender, als der Markgraf das Altceller Stift der Cisterzienser sehr liebte, und weil schon seine Vorgänger dort ihre Grabstätte gefunden hatten. Jedenfalls aber machten die Minoriten nach dem Tode des Markgrafen im

---

[1]) Mülverstedt, Regg. Arch. Magdbg. Teil II, S. 738. Abgedruckt bei Riedel, Cod. dipl. Brandbg. A. XV p. 8 d. 12. Juni 1267.

[2]) Glasberger, Analecta Franciscana, II, S. 83.

[3]) Lepsius, Historische Nachrichten von dem St. Clarenkloster zu Weissenfels in K. E. Förstemanns Neuen Mitteilungen aus dem Gebiete hist.-antiquar. Forschungen. Halle und Nordhausen. 1837. Dritter Bd. Zweites Heft. S. 53. Daselbst wird gesagt, dass Heinrich 1268 in Seuselitz ein Kloster gegründet hat. Da wir aber von einem andern Kloster und seiner weiblichen Abteilung zu S. nichts wissen, wird es wohl das Franziskanerkloster gewesen sein.

Jahre 1288 ihr Anrecht auf seinen Leib geltend[1]). Die Antwort, die die Markgräfin ihnen gab, zeigt, dass die Minoriten entweder sich als Urkundenfälscher benommen haben — denn sie hatten eine Urkunde, in der sich der Markgraf verpflichtete, beigebracht — oder dass die Markgräfin nicht genügend unterrichtet gewesen ist[2]).

Ob aber die Minoriten oder die Markgräfin im Recht war: sicher ist — und das beweist eben die Vertrauensstellung, die sie beim Markgrafen einnahmen —, „dass sie öfter zu ihren geheimen und häuslichen Angelegenheiten des Markgrafen Sigel erhalten haben."

Dass in Seuselitz für die Lehre des Franciscus ein fruchtbarer Boden war, sehen wir auch daraus, dass daselbst auch eine Nonnenabteilung der hl. Clara existirt hat. Wadding erwähnt dieselbe erst im Jahre 1291, in welchem sie zu Ehren der hl. Ordensstifterin und verschiedener Heiliger Indulgenzen erhielten[3]). Aber schon vor dieser Zeit wurden dem Kloster urkundliche Schenkungen zugewiesen.

So eignete am 7. December 1285 der Markgraf Friedrich von Landsberg dem Stift Merseburg ein Dorf zu, zum Ersatz der Lehensstücke, die das Stift den Clarissinnen in Seuselitz

---

[1]) Beyer, Stift und Kloster Altcelle, S. 565.
[2]) In der Urkunde bei Beyer, am 15. Juli 1288, sagt die Markgräfin, dass sie sich angesichts der Behauptung der Minderbrüder, dass ihnen das Recht der Beerdigung des Markgrafen in einer Urkunde zugestanden worden sei, auf die geschworenen Notare des Markgrafen stütze, die sie habe abhören lassen. Die Notare aber hätten die Versicherung abgegeben, dass der Herzog niemals eine derartige Urkunde ausgefertigt hätte, dass auch niemand gewagt hätte, mit demselben darüber zu sprechen. Wenn — so heisst es weiter, und das ist das Wichtige — eine solche Urkunde vorhanden, so könne sie nur daher rühren, dass die Brüder in ihren geheimen und häuslichen Angelegenheiten öfters des Markgrafen Sigel erhalten hätten.
Cf. Franz Winter, Die Cisterz. i. nordöstl. Deutschld. Gotha 1871. Teil II. S. 128.
[3]) Wadd., Ann. Min. Tom. V. S. 285.

überwiesen hatte, der Mühle und des Dorfes Naundorf[1]).
Wie wir aus der Urkunde sehen, war diese Schenkung des
Merseburger Stiftes eine ganz bedeutende.

Auch vom Markgrafen Heinrich müssen die Clarissinnen
zu Seuselitz mit Privilegien beschenkt worden sein, denn der
Erzbischof Burchard von Magdeburg, der im Jahre 1299,
den 9. December, eine Streitigkeit zwischen den Schwestern
und dem Meissener Bischof entschied, erwähnt solche[2]). Der
Erzbischof schlichtete den Streit dahin, dass er den Meissener
Bischof zur Herausgabe und zum Schadenersatz verurteilte.
Zwei Jahre lang hatte die Streitigkeit gedauert. Auch hier
sehen wir, dass die Güter des Seuselitzer Klosters, an denen
sich der Meissener Bischof vergriffen hatte, ganz ausgezeichnete
waren[3]).

Von der Stiftung des St. Clarenklosters zu

Weissenfels

war bisher so wenig mit Zuverlässigkeit bekannt, sowie überhaupt von dessen Geschichte, dass nicht einmal über die
Person des Stifters in den Nachrichten Übereinstimmung
herrschte[4]).

---

[1]) Gersd., Cod. dipl. Sax. Reg. II, 1, S. 10, Nr. 13 . . . . . „quod
quia venerabilis in Christo pater dominus Henricus Merseburgensis ecclesiae
episcopus proprietatem molendini siti prope muros Lipzienses apud fratres
minores et villae Nuendorf eidem molendino adiacentis cum attinentiis
suis, quae omnia ad decem et novem marcarum redditus aestimaretur . . . .
monasterio sororum in Suselitz ordinis sanctae Clarae perpetuo possidendae
declaravit "

[2]) Gersdorf, a. a. O. II, 1, S. 261 (d. 9. Decbr. 1299): . . . abba-
tissima conventus in Suselitz ordinis sanctae Clarae, instructi tam per
privilegium domini Henrici quondam marchionis Misnensis . . . . .

[3]) in ders. Urkde. . . . . quam etiam per legitima documenta
definitive pronuntiaverimus, bona in Goluz et censum ibidem videlicet septem et dimidiae marcarum Vribergensis argenti ad praedictam abbatissi-
mam et conventum de iure pertinere et vos censum eorundem bonorum
per duos annos usque ad marcas quindecim contra iustitiam percepisse.

[4]) So etwa lässt sich Lepsius hören a. a. O. S. 43.

4 *

Einer schreibt Heinrich dem Erlauchten diese Stiftung zu, die im Jahre 1280 stattgefunden habe[1]); andere dessen Sohn Dietrich dem Weisen zu Landsberg, noch andere dessen Gemahlin Helene. Durch die in diesem Jahrhundert aufgefundene Handschrift[2]), die unter dem Titel „Chronica des Jungfrauenklosters zu Weissenfels“ eine ausführliche — vielleicht oft übermässig breite, aber wahrheitsliebende — Geschichte des Klosters in der Zeit von der Stiftung bis zum Jahre 1347 giebt, ist die bisherige Unklarheit gewichen.

Die Stifter des Klosters sind der Markgraf Dietrich von Meissen und Landsberg und seine Gemahlin Helene gewesen[3]).

Über die näheren Umstände erfahren wir Folgendes. Die Tochter obiger Gatten, Sophie, hatte sich — wie das unser Chronist in weitschweifiger, phantastischer Weise erzählt —, durch früh erlittenes Missgeschick und durch Traumerscheinungen angeregt, Gott geweiht[4]). Sie bat ihre Eltern, ihr zur Erfüllung des Gelübdes ein Kloster zu bauen. Die Eltern widersetzten sich, ja der Markgraf schreckte nicht vor Misshandlungen seiner Tochter zurück. Als er aber kurz darauf in Gefangenschaft geriet, gelobte er, wenn er frei würde, seiner Tochter ein Kloster bauen zu lassen[5]). Als Ort für das Kloster

---

[1]) Vulpius, Ehrengedächtnis der Stadt Weissenfels, 1674 und 1708.

[2]) Lepsius hat das Verdienst, diese handschriftliche Nachricht aufgefunden und herausgegeben zu haben — a. a. O. S. 45 ff.

[3]) Lepsius a. a. O. S. 48.

[4]) a. a. O. S. 49. cf. Mühlhausen und Lüneburg!

[5]) Dietrich kam — so schreibt der Herausgeber der Chronik — nur einmal in Gefangenschaft, und zwar im Jahre 1280 in die des Erzbischofs Erich von Magdeburg, aus der er sich mit schwerem Gelde lösen musste. Die Klostergründung fand jedoch im Jahre 1285 statt. Wegen dieser zeitlichen Differenz, meint der Herausgeber, müsse ein Irrtum der Chronik vorliegen, oder unsere Kenntnis würde durch die Angabe der Chronik bereichert. Meines Erachtens aber kann es sehr wohl möglich sein, dass der Markgraf erst fünf Jahre nach jener Gefangenschaft, infolge irgendwelcher unvorhergesehenen Verzögerung, dazu kam, das Kloster zu gründen. Auch wissen wir aus der Chronik, dass der Erzbischof Erich,

wurde ein Platz vor der Stadt Weissenfels zu St. Nicolai ausersehen. und der Bau begann. — Unterdessen aber musste Markgraf Dietrich[1]) in einen Krieg nach Polen ziehen. Auf der Rückkehr wurde er krank, wie es scheint, infolge Genusses von Gift, und starb. Im Kloster zu Seuselitz, das sein Vater Heinrich 1268 gestiftet hatte, erhielt er sein Grab[2]). Der Todesfall fand am 5. Februar 1285 statt. Im selbigen Jahre erfolgte die Einweihung des Clarenklosters mit grosser Pracht, bei welcher grosse weltliche und geistliche Fürsten sich beteiligten[3]). Genannt werden die Mutter der Sophie, Helena, ihr Bruder, der regierende Markgraf Friedrich, Markgraf Otto mit dem Pfeil von Brandenburg, der Verlobte der jüngeren Prinzessin Gertrud, der Herzog von Polten, ferner der Erzbischof Erich von Magdeburg u. a. m. Kurze Zeit darauf trat auch die Prinzessin Gertrud ins Kloster. — Markgraf Friedrich bestätigte dem Kloster alles, was sein Vater ihm an Gaben zugewendet hatte[4]), und gab demselben Beweise seiner Zuneigung.

Diese Nachricht von dem Wohlwollen Friedrichs gegen dies Kloster findet durch eine Urkunde Bestätigung.

Am 4. November 1287 bezeugte der Markgraf Otto von Brandenburg — der auch bei der Einweihung des Klosters genannt wurde — in Weissenfels, dass am 13. October 1285 der Markgraf Friedrich von Landsberg und seine Schwester Gertrud, die damals schon Ordensmitglied war, den Nonnen zu Weissenfels in Gegenwart zahlreicher Zeugen eine Anzahl namhaft aufgeführter Güter zum Eigentum überwiesen habe[5]).

---

in dessen Gefängnis der Markgraf die Klostergründung beschlossen hatte, einer der Hauptteilnehmer bei der Einweihung des Klosters war.

[1]) a. a. O. S. 53.

[2]) s. Seuselitz!

[3]) a. a. O. S. 54.

[4]) Soll wohl heissen: erst zuwenden wollte, denn Dietrich starb vor der Einweihung. Übrigens erwähnt auch die Chronik nichts von den Zuwendungen Dietrichs.

[5]) Gersd., Cod. dipl. Sax. Reg. II, 8, S. 11, Nr. 15 u. a. in Ranstate forensi (Markranstädt) quinque talenta et sex solidi, — in

Die Güter sind, wie die Urkunde zeigt, wahrhaft königliche. Der Markgraf Friedrich wurde auch in Weissenfels bestattet und „da ward er gelegt In der Bruder kohr". Aus dieser Stelle erfahren wir, dass in Weissenfels auch ein Bruder-collegium desselben Ordens gewesen ist. Das Vorhandensein eines Männerklosters wird bestätigt durch die Notiz, dass auch die Markgräfin Helena „In der Bruder Chor" begraben sei, ferner durch die Urkunde der Markgräfin Helena vom Jahre 1292: „Actum et datum Wizenfels in domo fratrum minorum[1])." Noch mehrere Urkunden aus dem 13. Jahrhundert, das Kloster betreffend, sind vorhanden.

Im Jahre 1288 verkaufte es dem Abte zu St. Georgen in Naumburg die Voigteigerechtigkeit über $18^1/_2$ Hufen zu Koine[2]). Die Verbindlichkeiten, die das Kloster in Beziehung auf die demselben incorporirte Pfarrkirche zu Weissenfels über-nommen hatte[3]), sind in einem Dokument niedergelegt, das von dem Provinzialminister des Minoritenordens in Sachsen, Burchard, und der Äbtissin Adelheid vom St. Clarenkloster, sowie vom Bischof von Naumburg unterzeichnet sind. Es ist mit Sicherheit zu bestimmen, dass diese Urkunde — bei der die Jahresangabe fehlt — zwischen 1288 und 1304 ausgestellt worden sein muss. Denn es wird in ihr der noch lebenden Markgräfin Helena gedacht, die 1304 gestorben ist; anderer-seits war im Jahre 1288 noch eine Margarete[4]) Äbtissin des

civitate Lipz una curia sita iuxta ecclesiam sancti Nicolai, iuxta pontem eiusdem civitatis villa dicta Bets — jetzt die Petscher Mark, Wüstung vor dem Gerberthore —, in villa Trenowe (Threna, Par. Belgershain), decem et septem marcae, in villa Buch (Grossbuch, Eph. Grimma) V ta-lenta et VII solidi, iuxta parvum Scocbere (Klein Schocher, Eph. Leipzig) quaedam ligna et unum pratum.

[1]) a. a. O. S. 79. Überhaupt zeigte sich die Markgräfin Helena, wie auch durch Wilke, Ticemannus, pag. 42, Urkd. Nr. 12 bestätigt wird, sehr wohlthätig gegen dies Kloster.

[2]) a. a. O. S. 77. Das Original im Archiv des Domkapitels zu Merseburg.

[3]) a. a. O. S. 75.

[4]) S. d. Urkd. d. Jahres 1288! (a. a. O. S. 77).

Klosters, deren Nachfolgerin — wann? wissen wir nicht — erst Adelheid wurde.

In

Hannover

werden die Franziskaner erst gegen Ende des dreizehnten Jahrhunderts urkundlich sichergestellt. Nachrichten über Einwanderung etc. fehlen.

Am 5. September 1291 schenkte der Bischof Siegfried von Hildesheim den Minoriten das Eigentum eines Hausplatzes in Hannover[1]). Aus der Bemerkung „congregationi fratrum Minorum in civ . . . . . . aree, quam nunc inhabitant" geht hervor, dass die Brüder schon vor 1291 eine Gemeinde in Hannover gehabt haben müssen. Diese Ansicht findet eine weitere Bestätigung durch das günstige Urteil des Bischofs über das Wirken der Brüder in Hannover, das jener doch nur nach einem mehr oder weniger lange vorhergegangenen Aufenthalt der Brüder abgeben konnte[2]).

Wie die Herausgeber des Urkundenbuches in einer Anmerkung hinzufügen[3]), findet sich zum Jahre 1292 in Hohmeisters Chronik der Stadt Hannover[4]) folgende Notiz: „Theodoricus et Eberhardus de Alten concesserunt libertatem domus ad aedificandnm fratribus Minoribus in Hannover." — „Wenn die" — so fahren die Herausgeber fort — „in diesen Worten angedeutete Urkunde und die vorliegende Urkunde des Bischofs Siegfried sich beide auf das nachherige Minoritenkloster auf der Leinstrasse beziehen, muss die erstere wohl auch dem

---

[1]) Urkd.-Bch. d. hist. Ver. für Niedersachsen, Heft V. Urk.-B. d. Stadt Hann., herausgeg. von C. L. Grotefend und G. F. Fiedler, Hann. 1860. S. 55. S. 56: Felici predictorum fratrum Minorum in memorata civitate Honovere congregatione de consensu ac beneplacito capituli nostri proprietatem arce, quam nunc inhabitant.

[2]) a. a. O. S. 55.

[3]) S. 56, Anm.

[4]) Bibl. zu Wolfenb., Extravagantes. n. 91, 13.

Jahre 1291 angehören." — Ich glaube indessen, dass wir die in der zweiten Urkunde angegebene Schenkung bei dem Jahre 1292 belassen können, denn gerade aus der Urkunde des Bischofs geht hervor, dass eine Erweiterung des Minoritenbesitzes in Aussicht stehen mochte[1]). Warum soll die in der zweiten Urkunde angegebene Schenkung nicht unter die vom Bischof angedeuteten gehören können? Jedenfalls liegt kein Grund vor, beide Urkunden zusammenzuziehen.

Die Notiz in Lerbeks Chronik[2]) ist darum falsch, weil Conrad II erwiesenermassen erst 1293 Bischof von Minden geworden ist, also nicht 1288 als Bischof ein Kloster gegründet haben kann[3]).

Noch spärlicher lauten die Nachrichten über die Franziskaner in

Göttingen.

Das Barfüsserkloster daselbst, schreibt Gustav Schmidt[4]), ist gegen Ende des 13. Jahrhunderts gegründet worden. Bei der Abbrechung der Kirche wegen ihrer Baufälligkeit im Jahre 1820 wurden mehrere Grabmäler der fürstlichen Familie gefunden, so das des 1303 gestorbenen Prinzen Bruno. Doch finden sich im 13. Jahrhundert keine bestätigenden Urkunden dafür; die erste, die wir besitzen, ist datirt vom 3. September 1308, — sodass wir im Zweifel sein können, ob das Göttinger Franziskanerkloster überhaupt noch im 13. Jahrhundert gegründet wurde.

---

[1]) a. a. O. S. 56: et siquas imposterum pro construendis aut amplicandis suis edificiis cooperante Largitori omnium comparaverint.

[2]) Lerbeck, Chron. episcop. Mind. 36, bei Leibn. Scriptt. Rer. Brunsv. Tom. II. S. 188: „huius (Conradi II) praesulatus tempore, anno videlicet MCCLXXXVIII, domus fratrum Minorum apud opidum Honover fundatur."

[3]) cf. Hann. U.-B. S. 56 Anm.

[4]) Gust. Schmidt, U.-B. d. St. Gött. Hann. 1863, S. 55, Heft VI in den Urkd.-Büchern d. hist. Ver. für Niedersachsen.

Fassen wir das Resultat unserer Untersuchungen zusammen, so ergiebt sich:

	Ankunft:	Kloster:
Hildesheim	1223	ca. 1240
Goslar	1223	1226
Braunschweig	1223	vor 1248
Magdeburg	1223	1225
Halberstadt	1223	1246
Erfurt	1224	1231
Eisenach	1225	viell. vor 1230
Gotha	1225	1246
Arnstadt	1246	vor 1264
Nordhausen	1225	ca. 1230
Mühlhausen	1225	nach 1231
Lüneburg	viell. 1235	viell. 1235
Freiberg	viell. 1233	viell. 1233
Altenburg	etwa 1239	nach 1239
Oschatz	vor 1240	vor 1240
Hamburg	vor 1240	vor 1246
Stade	vor 1240	1240
Torgau	vor 1243	1243
Halle	ca. 1245	vor 1286
Meissen	vor 1254	vor 1260
Leipzig	ca. 1250	vor 1261
Wittenberg	vor 1266	ca. 1266
Quedlinburg	vor 1257	1257
Dresden	ca. 1263	vor 1272
Stendal	vor 1267	vor 1267
Bremen	ca. 1272	?
Seuselitz	vor 1285	vor 1285 (1288)
Weissenfels	vor 1285	1285
Hannover	vor 1291	1291
Göttingen	ca. 1300	ca. 1300

www.ingramcontent.com/pod-product-compliance
Lightning Source LLC
Chambersburg PA
CBHW022023080426
42733CB00007B/700